ADAC

Wien

von Daniel Berger

W0264543

10 **ADAC Top Tipps**

Das müssen Sie gesehen haben! Die zehn Top Tipps bringen Sie zu den absoluten Highlights.

25 **ADAC Empfehlungen**

Unterwegs gut beraten: Diese 25 ausgesuchten Empfehlungen machen Ihren Urlaub perfekt.

Preise für ein DZ mit Frühstück:
€ | bis 100 €
€€ | bis 150 €
€€€ | ab 150 €

Preise für ein Hauptgericht:
€ | bis 10 €
€€ | bis 15 €
€€€ | ab 15 €

Intro

ADAC Quickfinder

Hier finden Sie die Orte, Sehenswürdigkeiten und Attraktionen, die perfekt zu Ihnen passen.

Unterwegs

Service

Umschlag:

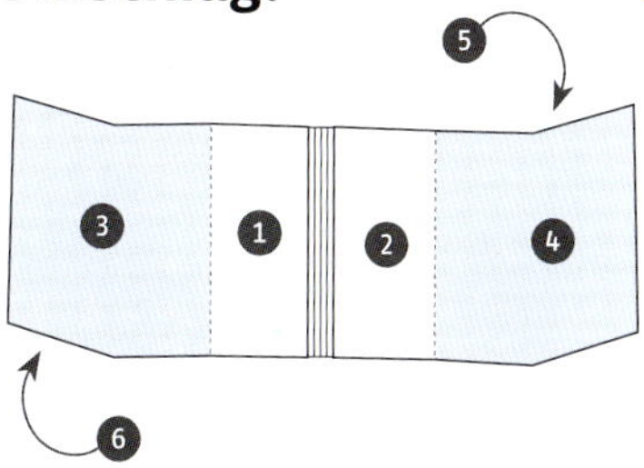

Wien bleibt Wien – die Gesichter einer Weltstadt

Die Donaumetropole, einst mondänes Zentrum des Habsburgerreiches, bietet heute moderne Lebensqualität

Die Wiener Hofburg war die Schaltzentrale der Habsburgermonarchie

Nach dem Ende des Ersten Weltkriegs vor hundert Jahren wurde Österreich zu einem Kleinstaat und zur Demokratie. 2018 feierte Wien das runde Jubiläum der Republik. Mit diesem Umbruch hatte der neue Staat lange Zeit stark zu kämpfen. Er bedeutete das Ende einer europäischen Großmacht und vor allem das Ende der Habsburgermonarchie, die 700 Jahre lang die Geschicke Österreichs bestimmt hatte. Schriftsteller wie Karl Kraus, Joseph Roth oder Stefan Zweig haben diese Epoche in Weltliteratur gegossen.

Das Erbe der Habsburger

In Wien ist das Haus Habsburg mit Sisi und Kaiser Franz Joseph I., Maria Theresia und Joseph II. bis heute allgegenwärtig, und der theoretisch mächtigste Politiker Österreichs residiert noch immer in der Hofburg – nur ist das inzwischen ein gewählter Präsident. Vieles, was heute an Wien besonders ist, hat die Stadt der Dynastie zu verdanken: Schönbrunn und die Hofburg, die wichtigsten Museen, die Kapuzinergruft, die Spanische Hofreitschule oder die Wiener Sängerknaben, um nur einige zu nennen.

Aber auch lieb gewonnene Traditionen der Wiener haben mit dem Lebensstil zu tun, den Adel und Bürgertum, Künstler und Beamte gegen Ende der Monarchie pflegten. Das Wiener Kaffeehaus zum Beispiel ist bis heute eine Institution. Hier haben früher Politiker debattiert, Schriftsteller gedichtet, Karten oder Billard gespielt. Es ist der Ort, »wo man zu Hause ist und doch nicht daheim«, wie es der Dichter Alfred Polgar einmal ausdrückte. Auch wenn die traditionellen Treffpunkte seltener werden: Im Bräunerhof, Frauenhuber oder Sperl zu sitzen, eine Melange zu trinken und sich WLAN und Google zum Trotz in einer raschelnden Zeitung über das Weltgeschehen zu informieren, gehört bei einem Wienbesuch einfach dazu.

Küche und Wein

Ebenso ein Besuch beim Heurigen, der Verzehr einer Mehlspeise beim Demel oder einer Burenhäutl (einer deftigen Wurstspezialität) beim Würstlstand Ihrer Wahl. Denn Wien will auch

Wahrscheinlich das berühmteste Sisi-Porträt überhaupt (unten) – Mit dem Fiaker über den Ring (ganz unten)

Weinlese vor den Toren Wiens (oben) – Naschmarkt für Gourmets (Mitte) – Spaß für Groß und Klein im Prater (unten)

kulinarisch erlebt werden. Gelegenheit dazu bietet das klassische Wiener Beisl, in dem man zu einem Glas Ottakringer Bier oder einem »Gemischten Satz« aus den Rebbergen der Stadt (als eine von wenigen Großstädten der Welt nennt Wien ein 622 Hektar großes Weinanbaugebiet sein Eigen) die vielfältige österreichische Küche mit Einflüssen aus allen Teilen des ehemaligen Vielvölkerstaats genießen kann. Darüber hinaus sind in der Bundeshauptstadt auch die bekanntesten Gourmettempel des Landes zu finden: von Reitbauers Steirereck über Konstantin Filippou bis zum Vestibül im Burgtheater. Wie es sich für eine Großstadt gehört, ist die Restaurantszene jedoch in Bewegung, und es gibt immer etwas Neues zu entdecken unter den vielen kleinen Lokalen, die eine moderne Beisltradition pflegen oder sich der asiatischen oder mediterranen Küche verschrieben haben, veganen und vegetarischen Spitzenrestaurants und Cafés.

Grünes Wien

Apropos vegan und vegetarisch: Wien ist grün. Rund um die Stadt erstreckt sich der zum Teil geschützte Wienerwald, liegen Weinberge und Gemüsefelder, die ursprüngliche Auenlandschaft der Lobau. Und auch im Herzen Wiens sind ausgedehnte Grünflächen zu finden, wie der Park von Schloss Schönbrunn, der Stadtpark und der Prater. Dazu kommen unzählige kleine Oasen, einst dem Adel vorbehalten, bis Kaiser Joseph II. sie für die Allgemeinheit öffnete.

Es lohnt sich, die Stadt zu Fuß oder mit dem Rad zu erkunden: In der Innenstadt sind viele Wahrzeichen auf engem Raum konzentriert, aber auch jenseits der Ringstraße ist vieles fußläufig erreichbar. Auf der Ringstraße selbst kann man bei einem Spaziergang entlang historischer Gebäude den Besuch einiger der wichtigsten Museen der Stadt mit einer Visite in der Hofburg und Verschnaufpausen in den schönsten Kaffeehäusern aus der Gründerzeit verbinden.

Raus aus der Stadt

Neben den Vorzügen der Stadt wissen die Wiener auch ihr Umland zu schätzen. Hier stößt man auf alte Klöster, Schlösser, Thermalquellen und immer wieder auf Rebberge. Etwas weiter weg befinden sich die Römerstadt Carnuntum (die einst viel bedeutender war als das Römerlager Vindobona, aus dem das heutige Wien hervorging), das pittoreske Klosterneuburg sowie die einzigartige Kultur- und Naturlandschaft der Wachau, die ebenso zum UNESCO-Weltkulturerbe gehört wie die Wiener Innenstadt.

Die Donau ist bis heute eine Lebensader der Stadt und sehr vielfältig: Sie ist eine wichtige Route für den Güter-

Die Donauinsel lädt zu Spaziergängen im Grünen ein

verkehr und gleichzeitig in weiten Teilen Naherholungsgebiet. Das Angebot reicht von Badestränden an der Alten Donau, auf der man surfen und segeln darf, bis zum Freizeitparadies Donauinsel, einer künstlichen Insel mitten im Strom, auf der man laufen, Rad fahren oder einfach relaxen kann.

> *»Wien bleibt Wien – und das geschieht ihm ganz recht.«*
>
> *Hans Weigel (1928–1991)*

Stadt mit Lebensqualität

Das sind nur einige Facetten einer faszinierenden Großstadt, die ihre Gegensätze hat: Wien ist modern und traditionell zugleich, Studentenstadt und Beamtenhochburg, links und weltoffen, konservativ und xenophob. Der größte Teil der ehemaligen Arbeiterbezirke ist bei den Gemeinderatswahlen fest in den Händen der sozialdemokratischen Partei, die seit 1945 den Bürgermeister stellt, aber es gibt auch Stadtteile, die von den Grünen oder der rechtspopulistischen FPÖ dominiert werden.

Wien ist eine Stadt, in der es sich hervorragend leben lässt. Ihren Besuchern stehen Hotels und Unterkünfte jeder Kategorie offen, aber auch vielfältigste Einkaufsmöglichkeiten und lebendige Märkte, auf denen man auf Entdeckungsreise gehen kann, gehören dazu. Wer glaubt, in Wien schon alles zu kennen, wird feststellen: Von Restaurants über Bars bis zu kleinen (oder auch großen) Museen, die sich so ausgefallenen Dingen wie Bestattungsri-

Beim Heurigen genießen nicht nur die Wiener ihren Wein

tualen oder Kunstfälschungen widmen, findet sich immer wieder etwas Neues. Sitzt man dann am Abend in einem Schanigarten am Spittelberg oder in einem Heurigen in Nussdorf im Kreis von Einheimischen und Touristen, wird jeder Johann Schrammel und seinem berühmten Marsch »Wien bleibt Wien« beipflichten, in dem es heißt: »Jeder wird fröhlich in Wien und beim Wein.« Dass Schrammelmusik und Wienerlied zeitgemäß sind, zeigen Musiker wie Roland Neuwirth & Extremschrammeln, das Kollegium Kalksburg, Der Nino aus Wien oder Ernst Molden mit ihren zum Teil bitterbösen Neuinterpretationen. In ihren Liedern hört der Wien-Novize, dass die »Wiener Gemütlichkeit« ihre dunklen Seiten hat, was wiederum nicht wenig zum Reiz dieser Stadt beiträgt.

Fläche *414,6 km², damit ist Wien das kleinste Bundesland Österreichs.*

Einwohnerzahl *1,87 Mio., stetig wachsend. Das ist rund ein Fünftel der österreichischen Bevölkerung.*

Tourismus *Wien hatte 2017 15,5 Millionen Gästeübernachtungen, jeder fünfte Gast kam aus Deutschland.*

Religion *Der größte Teil der Bevölkerung ist römisch-katholisch, gefolgt von Muslimen und orthodoxen Christen; die Zahl der Menschen ohne Religionszugehörigkeit nimmt zu.*

Verwaltung *Wien ist Bundeshauptstadt und seit 1922 eigenes Bundesland. Die Stadt ist in 23 Bezirke unterteilt. Im Gemeinderat sind derzeit fünf Parteien vertreten: SPÖ, FPÖ, Grüne, ÖVP und NEOS.*

Wiener Exportschlager
Das Wiener Schnitzel

Das lieben alle Wiener *Heurige*

Oft gehörte Redewendung
»Ana hat immer des Bummerl.« (Einer zieht immer den Kürzeren. Das »Bummerl« ist ein Verlustpunkt beim Kartenspielen.)

Darin sind die Wiener Spitzenreiter
Lebensqualität (unter 231 internationalen Großstädten, so die Mercer-Studie 2019)

Das will ich erleben

Wien hat mehr – Vielfalt und Flair«, lautete der Werbeslogan der österreichischen Hauptstadt vor einigen Jahren. Wie wahr! Abseits touristischer Trampelpfade bietet die Donaumetropole weitaus mehr als Mozart, Lipizzaner und Walzer. Ob Kultur und Museen, Kulinarik und Wein oder Partys und Nightlife, das Angebot ist groß. Selbst Naturliebhaber kommen auf den Wanderwegen durch intakte Aulandschaften mit einer einzigartigen Tier- und Pflanzenwelt voll auf ihre Kosten.

Alte Meister und moderne Kunst

Die über Jahrhunderte gewachsenen kaiserlich-habsburgischen Sammlungen bilden die Basis der reichen Bestände der Kunstmuseen Wiens von den Sammlungen des Kunsthistorischen Museums bis zu denen des Belvedere. Privaten Sammlern verdankt die Stadt eine bedeutende Egon-Schiele-Sammlung und herausragende Werke von Gustav Klimt.

Schauplätze der Stadtgeschichte

Vom Römerlager Vindobona über die mittelalterliche Stadt mit dem jüdischen Ghetto bis zu den letzten Tagen der Habsburgermonarchie: Die Geschichte der Stadt lässt sich an Ausgrabungen und in Museen nachvollziehen. An der Fassade des Karl-Marx-Hofs sieht man sogar noch die Einschusslöcher aus dem Bürgerkrieg in den 1930er-Jahren, in dem das »Rote Wien« heiß umkämpft war.

Shoppingmeilen und Märkte

Drei noble Einkaufs- und Flanierstraßen – Graben, Kohlmarkt und Kärntner Straße – bilden das »Goldene U« in der Innenstadt. Aber auch jenseits der Ringstraße findet man Geschäfte, Malls und viele Märkte mit einem abwechslungsreichen Angebot, allen voran den Naschmarkt mit seinen bunten Ständen.

Tafelspitz und Grüner Veltliner

Restaurants und Beisln gibt es vom I. Bezirk bis zu den Rebbergen in Grinzing und Stammersdorf überall in der Stadt. Hier wird dem österreichischen Wein gehuldigt und in der traditionellen Wiener Rindfleischküche (probieren Sie den Tafelspitz!) bringen es einige zu wahrer Exzellenz.

Höfe von Herzögen und Kaisern

Die Babenberger wählten Wien zum Herrschaftssitz. Unter den Habsburgern wanderten Residenz und Verwaltungszentrum von der Innenstadt (heute ist nur der Platz Am Hof geblieben) in die Hofburg. Mit Kaiserin Maria Theresia wurde aber auch die Sommerresidenz Schönbrunn zu einem Machtzentrum der Monarchie.

Kirchen und Gotteshäuser

Als Residenzstadt christlicher Herrscher war Wien reich an Gotteshäusern und Klöstern. Nicht nur jedes Stadtviertel, auch die ansässigen Orden besaßen eigene Kirchen. An die reiche jüdische Tradition erinnert u. a. der Stadttempel, die einzige von 130 Wiener Synagogen, die in der Pogromnacht 1938 nicht zerstört wurde.

Jugendstil und Secession

Otto Wagner, Adolf Loos, Gustav Klimt: Die Künstler der Secession und des Jugendstils prägen die Architektur- und Kunstgeschichte Wiens. Ihre Bauten haben die Zeit überdauert und dienen bis heute ihrem ursprünglichen Zweck als Banken, Büro- oder Wohnhäuser.

Wiesen, Wälder, Wasser

Weite Teile von Wien sind bis heute Grünflächen. Fast 8000 Hektar werden landwirtschaftlich genutzt, der Wienerwald und die Donauauen hingegen sind zum Teil unberührte Naturlandschaft. Hier kann man wandern, laufen, Rad fahren oder einfach nur am Donaustrand in der Sonne liegen.

Stadt-Oasen

Kaiser Joseph II. ließ dem Herrscherhaus vorbehaltene Parks wie den von Schloss Schönbrunn für das Publikum öffnen. Auch die Gärten der Paläste der Adeligen mitten in der Stadt sind heute idyllische Rückzugsgebiete für alle. Andere Anlagen wie der Stadtpark entstanden beim Bau der Ringstraße.

Bretter, die die Welt bedeuten

Das Burgtheater und die Staatsoper zählen zu den großen Bühnen der Welt. Dazu kommen viele kleinere Theater, die den beiden renommierten Kunstinstitutionen kaum nachstehen. Manche widmen sich der Operette und dem Musical, andere dem zeitgenössischen Drama.

Das morbide Wien

»Der Tod, der muss ein Wiener sein«, heißt es in einem Volkslied, und ein Hang zum Morbiden ist den Wienern und Wienerinnen nicht abzusprechen. Wohl deshalb wurden Monarchen, Fürsten und Herzöge in Gruften mitten in der Stadt beigesetzt und am Zentralfriedhof ein Bestattungsmuseum eröffnet.

Unterwegs

Wie Perlen an einer Schnur reihen sich an der Ringstraße, die das Herz Wiens umschließt, Prachtbauten wie das Kunsthistorische Museum mit seiner Gemäldesammlung von Weltrang aneinander.

Innere Stadt – Herz des alten und neuen Wiens

Das Zentrum von Wien ist nicht nur ein riesiges Freilichtmuseum, sondern auch das Herz einer pulsierenden Weltstadt

Der I. Bezirk, die Innenstadt, gehört zum Pflichtprogramm eines Wien-Besuchs: Vom »Steffl« bis zur Hofburg und einigen der wichtigsten Museen liegen fast alle Sehenswürdigkeiten in fußläufiger Entfernung beieinander. Die Geschichte der Stadt, von der Römerzeit über die mittelalterliche Residenz der Babenberger bis zum Wien der Kaiserzeit und der Moderne, kann man in den Straßen und auf den Plätzen nachverfolgen. Überall in den Gassen liegen Kaffeehäuser und Beisln, wie die traditionellen Gasthäuser in Wien heißen. Aber auch einige der besten Restaurants des Landes sind hier zu finden. In großen Fußgänger-Einkaufszonen wie der Kärntner Straße oder dem Graben reihen sich moderne Shoppingtempel und renommierte Traditionsgeschäfte aneinander. Wer am Abend noch munter ist, lässt den Tag im Szeneviertel Bermuda-Dreieck ausklingen.

In diesem Kapitel:

ADAC Top Tipps:

1 **Stephansdom**
| Dom |

Das Wahrzeichen Wiens ist schon von Weitem sichtbar. Früher durfte keine Kirche im Land höher gebaut werden als der Südturm des gotischen Meisterwerks. 18

2 **Kapuzinergruft**
| Grabstätte |
Imposante Grablege der Habsburger: Zwölf Kaiser und 19 Kaiserinnen wurden hier beigesetzt, auch Maria Theresia und ihr Sohn Joseph II. 39

ADAC Empfehlungen:

1 **Hawelka**
| Café |
Bekanntestes Wiener Künstlercafé, nur ein paar Schritte vom Stephansdom entfernt. 24

2 **Altmann & Kühne**
| Confiserie |
Hier werden feinste Pralinen und Schokolade von Hand gemacht. 25

3 **Uhrenmuseum**
| Museum |
Hier ticken 3000 Zeitmesser mit verschiedensten Uhrwerken und Gehäusen. 28

4 **Ankeruhr**
| Kunstwerk |
Täglich um 12 Uhr paradieren hier die wichtigsten Figuren der Stadtgeschichte. 29

5 **Wiener Postsparkasse**
| Architektur |
Die ehemalige Postsparkasse ist eine Ikone des Wiener Jugendstils und ein Meisterwerk des Architekten Otto Wagner. 31

6 **Haus der Musik**
| Museum |
Interaktives Museum, das Einblick in die reiche Musiktradition Wiens gewährt. Virtuell kann man die Wiener Philharmoniker dirigieren. 37

7 **Kurkonditorei Oberlaa**
| Konditorei |
Süße Köstlichkeiten aus der hauseigenen Patisserie an insgesamt neun Standorten in der Stadt. 39

1 Rund um den Stephansplatz

Lebendiger Stadtkern des alten und neuen Wiens

Im barockisierten Inneren des Stephansdoms sind gotische Spuren zu erkennen

i Information

- U1, U3, Bus 1A, 2A, 3A Stephansplatz
- Parken: siehe S. 24

Als Wahrzeichen Wiens erhebt er sich im Herzen der Stadt und Mitteleuropas der »Steffl«, wie der Stephansdom liebevoll von den Wienern genannt wird. Benannt sind die Kirche und der Platz vor ihr nach dem hl. Stephanus, der als erster christlicher Märtyrer gilt.

Das Ensemble aus Dom, der Weite des Stephansplatzes und den umliegenden Gebäuden aus verschiedensten Epochen gilt als das Herz der Stadt: Hier tummeln sich Touristen und Einheimische von Neujahr bis zum Weihnachtsmarkt im Dezember.

Sehenswert

a Stephansdom

| Dom |

1 *Gotisches Wahrzeichen mit zwei ungleichen Türmen*

Von welchem Aussichtspunkt in und rund um Wien man auch auf die Stadt blickt, das Herz der Stadt erkennt man sofort an ihrem Wahrzeichen: dem spitzen Südturm des Stephansdoms, 136,4 m hoch, daneben das wuchtige, mit farbigen Ziegeln eingedeckte Dach

Plan
S. 21

des wohl wichtigsten Sakralbaus Österreichs. Schaut man genau, sieht man noch den 68 m hohen Nordturm, der allerdings nie fertiggestellt wurde. Keine Kirche im Habsburgerreich durfte höher sein und noch heute ist der Stephansdom das höchste Gebäude der Innenstadt.

Seine ganze Pracht offenbart sich natürlich nur aus der Nähe: Sei es die streng gotische Architektur der Fassade, seien es die wunderbar gearbeiteten Skulpturen.

Ein Vorgängerbau wurde erstmals 1147 erwähnt, aber erst zwischen 1230 bis 1245 entstand unter Herzog Friedrich II. dem Streitbaren ein spätromanischer Bau. Dessen Westfassade ist bis heute erhalten: Sie bildet das Riesentor mit den beiden minarettartigen Heidentürmen. Ihre heutige gotische Gestalt erhielt die Kirche aber erst ab 1304: Insgesamt zog sich der Bau des 107 m langen und 34 m breiten Gotteshauses aber – immer wieder verzögert durch Pestepedemien und Hungersnöte – bis 1463 hin, als der Südturm errichtet wurde.

Der erste fertiggestellte Teil der Kirche war der in die Höhe strebende Hallenchor, den man durch das Hauptportal betritt: Das elegant gearbeitete Netzgewölbe wird von Pfeilern mit Baldachinfiguren getragen.

Die Innenausstattung wurde im 17. Jh. barockisiert, viele gotische Elemente blieben allerdings erhalten: Unter anderem stammen der Orgelfuß und die kunstvolle Kanzel noch vom Dombaumeister Anton Pilgram aus dem frühen 16. Jh., der sich selbst als »Fenstergucker« am Aufstieg zur Kanzel verewigt haben soll.

ADAC Wusssten Sie schon?

... dass die **Dombauhütte** sich seit dem Mittelalter dem Bau und Erhalt des Wiener Stephansdoms widmete und bis heute existiert? Die heutige »Hütte« liegt an der Nordfassade des Langhauses und wird wie ein Handwerksbetrieb geführt. Die Dombauhütte betreibt auch den Lift zur Pummerin, die Einnahmen fließen der Domerhaltung zu.

Aber die Kirche ist darüber hinaus reich an einzigartigen Kunstwerken: Im linken Seitenschiff, dem sogenannten Frauenchor, steht der Wiener Neustädter Altar, den Kaiser Friedrich III. 1447 stiftete: Der gotische, der hl. Maria gewidmete Flügelaltar besitzt im geschnitzten Mittelschrein kunstvoll gearbeitete Statuen der Muttergottes und der Heiligen Barbara und Katharina. Friedrich III. ist auch in der Kirche begraben: Sein monumentales Hochgrab aus Rotmarmor wurde vom Bildhauer Nikolaus Gerhaert von Leyden 1467 entworfen und steht im rechten Seitenschiff des Chors, dem sogenannten Apostelchor. Nur durch ein Gitter kann man die Katharinenkapelle im Parterre des Südturms betrachten: Sie besitzt ein Sterngewölbe und eine holzgeschnitzte Katharinenfigur von 1420. Im Querschiff gleich daneben ist hingegen die Dienstbotenmadonna zu sehen: Die um 1320 entstandene Steinstatue der Muttergottes wurde einst vor allem von Hausangestellten verehrt und soll von einer Gräfin gestiftet worden sein, die fälschlicherweise ein Dienstmädchen des Diebstahls bezichtigt hatte. Ebenso einen Blick wert sind die Eligiuskapelle mit einem spätgotischen Valentinsaltar von 1507 und die Kreuzkapelle mit dem Grabmal Prinz Eugens von 1754. Die beiden Seitenportale schmücken ein Saulussturz mit den Figuren von Rudolf IV. (das Singertor) und die Marienverklärung mit den Statuen von Albrecht III. und Elisabeth (im Bischofstor).

Elf der 13 Glocken im Südturm bilden das Hauptgeläut des Stephansdoms. Die bekannteste Glocke Österreichs, die Pummerin, hängt allerdings im Nordturm: Sie leitet alljährlich, live im Fernsehen übertragen, das neue Jahr ein. Die Vorgängerin der Glocke wurde bei einem Brand Ende des Zweiten Weltkriegs zerstört, aber 1952 wurde der wiedererbaute Stephansdom mit dem ersten Geläute der imposanten neuen Pummerin – 3 m hoch und 21 Tonnen schwer – eröffnet. Die bis heute zweitgrößte freischwingend

ADAC Mobil

In Wien kann man das Auto ruhig im Hotel bzw. in der Parkgarage lassen, die Stadt ist zu Fuß, mit dem Rad und natürlich auch mit den »Öffis« sehr gut zu entdecken: Das gut ausgebaute Verkehrsnetz besteht aus Bussen, Straßenbahnen, S- und fünf U-Bahn-Linien (U1, U2, U3, U4 und U6).
Öffentliche Verkehrsmittel verkehren täglich zwischen 5 und 24 Uhr, auf einzelnen Strecken fahren anschließend Nachtbusse. Die U-Bahnen fahren an Wochenenden ebenfalls die ganze Nacht hindurch.
Fahrscheine, auch für 24 (8 €), 48 (14,10 €) und 72 (17,10 €) Stunden, erhält man online und als Handy-Tickets, an Fahrkartenschaltern, in Vorverkaufsstellen und Tabak-Trafiken (www.wienerlinien.at).
Interessant für regelmäßige Besucher Wiens ist die **8-Tage-Klimakarte** (40,80 €), die an acht beliebigen Tagen gültig ist, die nicht aufeinander folgen müssen. Diese Karte ist auch eine gute Alternative für Paare oder Gruppen, die mit Pausen in Wien unterwegs sind. Pro Person muss man nur einen Streifen entwerten.

geläutete Kirchenglocke Europas kann man sogar aus der Nähe betrachten: Ein Lift bringt die Besucher im Nordturm schnell in 68 m Höhe.

■ I., Stephansplatz, www.stephanskirche.at, Mo–Sa 6–22, So 7–22 Uhr, Führungen Mo–Sa 9–11.30, 13–16.30, So 13–16.30 Uhr, 6 €, erm. 2,50 €

b Südturm

| Aussichtsturm |

343 Stufen muss man überwinden, um den herrlichen Ausblick vom Südturm zu genießen: Erst dann erreicht man die Türmerstube, in der einst ein Wächter über die Stadt wachte. Die Turmspitze ziert bis heute ein von einem Doppeladler getragenes Doppelkreuz.

■ Mo–So 9–17.30 Uhr, 5 €, erm. 2 €

c Katakomben

| Grabstätte |

Der Eingang zu den Katakomben liegt unter dem Nordturm: Hier ruhen 15 Sarkophage und 56 Urnen mit Eingeweiden von Habsburgern. Auch die Wiener Erzbischöfe werden traditionell hier begraben.

■ Führungen Mo–Sa 10–11.30, 13.30–16.30, So 13.30–16.30 Uhr, 6 €, erm. 2,50 €

d Dom Museum

| Museum |

Im Zwettlerhof gleich neben dem erzbischöflichen Palais am Stephansplatz sind die Schätze der Sammlung des Stephansdoms in einem neuen, lichtdurchfluteten Museum in ihrer ganzen Pracht ausgestellt: Hier können Besucher nicht nur den prunkvollen mittelalterlichen Domschatz mit Altären, Monstranzen und Handschriften betrachten, sondern auch das berühmte Porträt Herzog Rudolfs IV. (des Stifters) aus dem 14. Jh., das als das älteste gemalte Porträt des Abendlandes gilt. Auch Freunde zeitgenössischer Kunst kommen in einer eigenen Ausstellung auf ihre Kosten: In der Sammlung Otto Mauer sind Werke von Klimt, Schiele, Kokoschka und Kubin zu sehen.

ADAC Spartipp

Ermäßigungen für mehr als 200 Attraktionen, Restaurants, Shops oder Heurige gibt es mit der **Vienna City Card**: Sie gilt für 24, 48 oder 72 Stunden und inkludiert einen Fahrschein der Wiener Linien und der Hop-on-Hop-off-Touren von Big Bus Tours. Die günstigte Version der Karte (für 24 Stunden) kostet 17 €. Erhältlich ist sie bei Wien Tourismus und in den meisten Hotels.
www.viennacitycard.at

■ I., Stephansplatz 6, www.dommuseum.at, Mi–So 10–18, Do 10–20 Uhr, 8 €, erm. 3 €

e Mozarthaus Vienna

| Gedenkstätte |

»Figarohaus« wurde das Gebäude in der Domgasse einst genannt, weil Mozart hier zwischen 1784 und 1787 lebte und seine Oper »Le Nozze di Figaro« komponierte. Heute sind die Räume seiner ehemaligen Wohnung Teil des Mozarthauses Vienna, in dem auf insgesamt vier Stockwerken das Leben des großen Komponisten dokumentiert wird. Im angeschlossenen Shop sind auch allerlei Mozart-Devotionalien als Mitbringsel zu erwerben: Neben T-Shirts, Mützen oder den klassischen Mozartkugeln und -talern aus mit Schokolade überzogenem Marzipan sind auch Kopien der Schwind-Zeichnungen zur »Zauberflöte« erhältlich, die im Museum zu sehen sind.
Ebenfalls im zweiten Untergeschoss zu finden: Der nach der Wiener Klaviermanufaktur benannte Bösendorfer-Saal, der wegen seiner hervorragenden Akustik oft und gern für Kammermusikkonzerte genutzt wird.

■ I., Domgasse 5, www.mozarthausvienna.at, tgl. 10–19 Uhr, 11 €, erm. 4,50 €

f Haas-Haus

| Architektur |

Der sich in den Glasflächen des Haas-Hauses spiegelnde Stephansdom ist wohl eines der beliebtesten Fotomotive von Wien-Besuchern. Das Haus schräg gegenüber vom Dom beherbergte einst das Einrichtungshaus Philipp Haas & Söhne. Der Bau wurde vom Architekten Hans Hollein von 1985 bis 1990 in ein modernes Geschäfts- und Bürohaus umgewandelt. Von der Onyx-Bar im sechsten Stock hat man bei einem Cocktail einen Logenblick auf den Dom. In den modernen Zimmern des angeschlossenen Do&Co-Hotels kann man übernachten: Zentraler geht's kaum.

■ I., Stephansplatz 12/Stock-im-Eisen-Platz 4

g Graben

| Flaniermeile |

Eine der wichtigsten und von Autoren wie Joseph Roth, Stefan Zweig, Karl Kraus oder Heimito von Doderer verewigten Flanierstraßen Wiens führt vom Stock-im-Eisen-Platz Richtung Nordwesten bis Kohlmarkt. Vor allem die stilvollen Geschäfte ehemaliger Hoflieferanten strahlen viel vom Flair des Fin de Siècle aus, die meisten haben allerdings längst neue Besitzer: Im Geschäft von E. Braun & Co. wurde zum Beispiel der Flagshipstore der schwedischen Modekette H&M eingerichtet.

■ I., Graben

Am Graben steht die Wiener Pestsäule zum Gedenken an eine Epidemie im 17. Jh.

h Wiener Pestsäule

| Säule |

Kopien der Wiener Pestsäule waren einst in der gesamten Donaumonarchie zu finden, das Original steht allerdings am Graben und stammt aus dem 17. Jh.: Nach dem Ende einer verheerenden Pestepidemie im Jahre 1679 wurde sie von Kaiser Leopold I. zu Ehren der heiligen Dreifaltigkeit in Auftrag gegeben, allerdings erst 1692 fertiggestellt.

■ I., Graben

i Peterskirche

| Kirche |

Die kleine Kirche steht im Schatten des nahen Stephansdoms, ist möglicherweise aber erheblich älter als der Steffl: Der Legende nach soll sie als ehemalige Kaserne des Römerlagers Vindobona in frühchristlicher Zeit zu einer Saalkirche umgebaut worden sein. Erstmals wurde eine Kirche des hl. Petrus aber erst 1137 urkundlich erwähnt.

Die heutige Kirche stammt aus dem frühen 18. Jh., ab 1703 leitete Johann Lucas von Hildebrandt die Arbeiten am ersten barocken Kuppelbau der Stadt. Im Inneren sind die farbenfrohen Fresken von Johann Michael Rottmayr mit Szenen aus dem Leben des Kirchenpatrons sehenswert.

ADAC Wussten Sie schon?

... dass Wien zu Zeiten des **Habsburgerreichs** mit über zwei Millionen Einwohnern unter den vier größten Städten der Welt war und bereits im Jahre 1739 die erste Stadt Europas war, die vollständig über eine Kanalisation verfügte?

■ I., Petersplatz, www.peterskirche.at, Mo–Fr 7–20, Sa, So 9–21 Uhr

Parken

Direkt am Stephansplatz kann man übrigens auch parken: Bis zu zwei Stunden im **Parkhaus City** kosten 8 €, der ganze Tag 40 €. Dafür ist man aber im Herzen der Stadt, am idealen Ausgangspunkt von Stadterkundungen jedweder Art. ■ I., Stephansplatz/Schulerstraße, www.boe-parking.at, Plan S. 21 b2

Restaurants

€€ | **Miznon Vienna** Das Original-Miznon ist in Tel Aviv zu finden, der israelische Starkoch Eyal Shani serviert aber auch in Wien Gourmet-Pitas mit Fleisch oder Gemüse und Falafel. Auch Veganer kommen hier auf ihre Kosten. ■ I., Schulerstraße 4, Tel. 01/5121053, www.facebook.com/miznonvienna, tgl. 12–22.30 Uhr, Plan S. 21 c2

Cafés

1 **Hawelka** Herr und Frau Hawelka bewirteten einst ihre Stammkunden liebevoll und kauften ihnen bei Geldmangel auch schon mal Karikaturen und Bilder ab, die heute noch die Wände des etwas in die Jahre gekommenen Cafés schmücken. Deshalb und eines Chansons von Georg Danzer wegen (»Der Nackerte im Hawelka«) ist das Café bis heute für Wien-Besucher Pflicht, man findet aber auch Einheimische hier, die einen Einkaufsbummel im Graben mit einer Melange unterbrechen, im Sommer auch gerne im kleinen Schanigarten mit Blick auf die Stadtbummler. ■ I., Dorotheergasse 6, Tel. 01/512 82 30, www.hawelka.at, Mo–Do 8–24, Fr, Sa 8–1, So 10–24 Uhr, Plan S. 21 a2

Meinl's Café Flaggschiffcafé der Wiener Kaffeesiederdynastie mit einem großen Schanigarten direkt am Graben. Hier werden aber nicht nur

Das Café Hawelka war ab den 1950er-Jahren ein beliebter Künstlertreff

Das Dorotheum ist das bedeutendste Auktionshaus der Stadt

Kaffeespezialitäten, sondern auch Köstlichkeiten aus der hauseigenen Patisserie kredenzt und man kann eine Reihe von Röstprodukten für zu Hause mitnehmen. Angeschlossen sind auch Meinl's Restaurant (klassisch-österreichisch), Meinl's Weinbar und sogar eine Sushi-Bar. ■ I., Am Graben 19, Tel. 01/532 33 34 63 00, www.meinlamgraben.at, Mo–Fr 8–19.30, Sa 9–18 Uhr, Plan S. 21 a2

Einkaufen

(2) **Altmann & Kühne** »Fast zu schön, um gegessen zu werden«, heißt es über die handgefertigten Pralinés dieser traditionellen Wiener Manufaktur. Als »Naschkasterl« kunstvoll verpackt eignen sie sich hervorragend als Mitbringsel – vorher sollte man sie allerdings unbedingt probieren! ■ I., Am Graben 30, www.altmann-kuehne.at, Plan S. 21 b2

Dorotheum Im Shop des wichtigsten Auktionshauses Österreichs kann man Uhren, Schmuck, Münzen, Möbel oder Kunst erwerben, sehr oft weit unter dem Schätzwert. ■ I., Dorotheergasse 17, www.dorotheum.com, Plan S. 21 a3

Heldwein Anton Heldwein führt das 1902 gegründete Schmuck-Imperium mit viel Wissen um die Kraft der Edelsteine, Kreativität und Stolz auf die lange Tradition des Familienunterneh-

ADAC Mittendrin

Der ideale Ort für einen kulinarischen Boxenstopp ist **Trześniewski**, von der schmucklosen Theke sollte man sich nicht abschrecken lassen: Hier gibt es die besten Sandwiches von Wien mit hausgemachten Aufstrichen und anderen Toppings (natürlich auch zum Mitnehmen). Zur Mittagszeit werden die Brötchen sogar auf der Straße verzehrt.
I., Dorotheergasse 1, U1, U3 Stephansplatz, www.trzesniewski.at, Plan S. 21 a2

mens: Dieser ist zum Beispiel eine eigene Kollektion 1902 gewidmet. Jedes Heldwein-Stück ist übrigens ein Unikat und mit einer Punze gekennzeichnet. ■ I., Am Graben 13, www.heldwein.at, Plan S. 21 a2

Knize Nicht nur wegen der prachtvollen Einrichtung von Adolf Loos und Paolo Piva einen Besuch wert: Die Herren- und Damenmode ist vom Feinsten, hier kann man auch die klassisch-eleganten Knize-Düfte erwerben. ■ I., Am Graben 13, www.knize.at, Plan S. 21 a2

Erlebnisse

Time Travel Will man sich nicht mit Museen, Schlössern oder Gruften abplagen, ist das die schnelle Alternative – oder auch nur eine Einstimmung, bevor man den ganzen Rest hautnah erlebt: Eine Zeitreise durch 2000 Jahre Wiener Geschichte in 5-D. ■ I., Habsburggasse 10A, www.timetravel-vienna.at, tgl. 10–20 Uhr, 19,50 €, erm. 15,50 €, Plan S. 21 a2

2 Am Hof

An diesem Platz stand einmal die Residenz der Babenberger

■ U1, U3 Stephansplatz
■ I., Am Hof

Einer der historisch bedeutendsten Plätze der Wiener Innenstadt: Bis 1275 residierten hier die Babenberger. Von 1177 bis 1194 war der Platz auch Schauplatz von Turnieren und Minnesänger-Wettbewerben, an denen u. a. auch Walther von der Vogelweide teilnahm. Und auch im Film »Der dritte Mann«, 1948 mit Orson Welles gedreht, kommt der Platz vor: Hier steht bis heute die Litfaßsäule, durch die man in das Wiener Kanalisationssystems gelangt.

Sehenswert

Die Kirche am Hof
| Kirche |
Die Kirche am Hof zu den neun Chören der Engel war ursprünglich ein gotisches Gotteshaus, das 1554 den Jesuiten übergeben und 1607 durch einen Brand zerstört wurde. Im barocken Stil wurde sie Mitte des 17. Jh. neu errichtet. Ungewöhnlich ist die Westfassade aus dem Jahre 1662, die der Front eines Schlosses ähnelt.
■ I., Am Hof, U3 Herrengasse, U2 Schottentor, Bus 1A, 2A, Tram 1, D

3 Maria am Gestade

Mittelalterliche Kirche über einem ehemaligen Donauarm

■ U1, U4 Schwedenplatz
■ I., Salvatorgasse 12

Ihren Namen trägt die Kirche wegen ihrer Lage am Hochgestade, dem hoch gelegenen Ufer eines ehemaligen Donauarmes, der schon längst dem heutigen Donaukanal gewichen ist. Dass sie ein mittelalterliches Relikt inmitten des modernen Stadtbildes am Kanal ist, sieht man schon am Turmhelm mit dem gotischen Rankenwerk aus dem frühen 15. Jh.

Die Kirche ist sogar noch älter: Erwähnt wird sie bereits in einem Dokument aus dem Jahr 1200. Gotik pur prägt auch das Interieur: Das Chorportal zeigt eine Schutzmantelmadonna und eine Marienkrönung, beide aus der Zeit um 1350, das mittlere Portal

Im Zentrum des einstigen Judenviertels steht ein Mahnmal

musizierende Engel aus dem frühen 14. Jh. Am Hauptportal sieht man Reliefs von Johannes dem Täufer und Johannes dem Evangelisten aus der Zeit um 1410.

4 Judenplatz

Zentrum des Ghettos und Schauplatz der »Wiener Gesera«

- U1, U3 Stephansplatz
- I., Judenplatz

Der Judenplatz war seit dem Mittelalter das Zentrum der jüdischen Gemeinde Wiens, heute erinnert dort ein Mahnmal, geschaffen von der britischen Künstlerin Rachel Whiteread, an die Opfer der Schoah: Auf Bodenfliesen sind die Namen jener Orte festgeschrieben, an denen österreichische Juden während der NS-Herrschaft ermordet wurden.

Bis 1421 bildete der Platz den Mittelpunkt des Wiener Ghettos, das sich von der Kirche Maria am Gestade über den Tiefen Graben bis zu den Tuchlauben erstreckte: Um 1400 lebten hier 800 Einwohner in rund 70 Häusern. Am Platz selbst befanden sich die Synagoge, die erstmals 1204 erwähnt wurde, das Spital, das Haus des Rabbi und die Judenschule (das heutige Collaltopalais).

In Haus Nr. 8 ist mit dem Museum Judenplatz der zweite Standort des Jüdischen Museums Wien zu finden. Neben einer Dauerausstellung über die Geschichte des Judenplatzes sind hier die Fundamente der Or-Sarua-Synagoge zu besichtigen. Zerstört wurde sie im Jahre 1421 im Rahmen der Wiener Gesera: Beim blutigsten

Im Blickpunkt

Wiener Würstelstände

Ob man sie nun »Maurerforelle« nennt (eine Knackwurst, mit Zwiebel gefüllt) oder »A klasse Haase« (ein paar Frankfurter, wie die Wiener Würstchen in Wien heißen): Knacker, Krainer, Burenwurst oder Debreziner sind das liebste Fast Food der Wiener. Mit ihrer Kultur eng verbunden ist natürlich der Ort, wo sie mit den dazu passenden Getränken fast rund um die Uhr zu erwerben sind: Der Würstelstand. Bei Alles Walzer alles Wurst im X. Bezirk soll zum Beispiel die Käsekrainer (eine Schweinswurst mit Käse, auch »Eitrige« genannt) erfunden worden sein, zu den besten Adressen zählen auch der Würstelstand Südtiroler Platz, Bitzinger bei der Albertina oder der Würstelstand am Hohen Markt.

Pogrom des Mittelalters wurden zweihundert Überlebende der Judengemeinde auf einem Scheiterhaufen lebendig verbrannt und das Ghetto geschleift.

Sehenswert

Zum großen Jordan

| Fassade |

Das Haus »Zum großen Jordan« ist eines der ältesten Gebäude Wiens. Bis 1421 war es in jüdischem Besitz, später gehörte es Georg Jordan, der die Fassade 1497 mit einem spätgotischen Wappenrelief versah: Es zeigt die Taufe Jesu im Jordan und spielt dabei auf den Namen des Besitzers an. Eine Gedenktafel erinnert an die Judenverbrennung im Jahre 1421.

■ I., Judenplatz 2

Museum Judenplatz Misrachi Haus

| Museum |

In der Dependance des Jüdischen Museums am Judenplatz steht das mittelalterliche Leben im Wiener Ghetto im Mittelpunkt. Die Reste der mittelalterlichen Synagoge sind im Untergeschoss zu sehen, im Erdgeschoss finden darüber hinaus Wechselausstellungen zu jüdischen Themen statt.

■ I., Judenplatz 8, www.jmw.at, So–Do, 10–18, Fr 10–17 Uhr, 12 €, Kinder frei

5 Uhrenmuseum

3 *3000 Zeitmesser vom Turmuhrwerk bis zur Miniatur*

■ U1, U3, Bus 3A Stephansplatz

■ I., Schulhof 2, Tel. 01/533 22 65, www.wienmuseum.at, Di–So 10–18 Uhr, 7 €, Kinder frei

Hinter der Kirche am Hof befindet sich seit 1917 dieses kleine Museum, in dem rund 3000 Uhrwerke aus der Sammlung des Wien Museums ausgestellt sind. Dazu gehören Kerzenuhren, die beim Abbrennen jede Stunde eine Bleikugel abwarfen, Taschensonnenuhren mit Kompass oder – als eines der ältesten Exponate – eine Turmuhr aus der ersten Hälfte des 15. Jh. Das Highlight des Museums ist die astronomische Kunstuhr von David a Sancto Cajetano aus dem 18. Jh.: Sie zeigt neben verschiedenen Ortszeiten auch die Umlaufbahnen der Planeten, sowie Sonnen- und Mondfinsternisse an.

6 Hoher Markt

Einer der ältesten Plätze Wiens entstand über Ruinen aus der Römerzeit

■ U1, U4 Schwedenplatz, U1, U3, Bus 3A, Tram 1, 2 Stephansplatz
■ I., Hoher Markt

Der Hohe Markt ist einer der ältesten Plätze Wiens. Er liegt über den Ruinen der Tribunenhäuser des Römerlagers Vindobona und war im Mittelalter ein Zentrum des Bürgertums: Zahlreiche Zunfthäuser waren hier angesiedelt. Nachdem der Platz im Zweiten Weltkrieg durch Bomben zerstört worden war, verlor er viel von seinem ursprünglichen Flair. Beim Wiederaufbau stieß man allerdings auf die Überreste der Römerstadt.

Sehenswert

Ankeruhr

| Kunstwerk |

4 *Jugendstil-Parade Wiener Größen der Geschichte*

An der nordöstlichen Seite des Platzes überspannt auf einem Schwibbogen die Ankeruhr den Bauernmarkt: Geschaffen wurde die Jugendstiluhr vom Maler und Bildhauer Franz Matsch, der eng mit den Brüdern Klimt zusammenarbeitete. Zu jeder vollen Stunde überquert eine Persönlichkeit aus der Wiener Geschichte die Brücke, um 12 Uhr mittags sind es alle Figuren. Mehr über die dargestellten Persönlichkeiten von Marc Aurel bis Joseph Haydn erfährt man auf einer Tafel an der Hausfassade unter der Uhr.

■ I., Hoher Markt

Die Ankeruhr präsentiert zwischen 11 und 12 Uhr Kaiserin Maria Theresia mit Gatten

Römermuseum am Hohen Markt
| Museum |
Der Alltag des Legionslagers und der Zivilstadt Vindobona steht im Mittelpunkt des Museums. Zu sehen sind auch Fundstücke – von Reliefs über Büsten bis zu Alltagsgegenständen – der Ausgrabungen. Für Kinder gibt es Spielstationen und 3-D-Puzzles.
■ I., Hoher Markt 3, Tel. 01/535 56 06, www.wienmuseum.at, Di–So 9–18 Uhr, 7 €, Kinder frei

Restaurants

€€ | **Wrenkh – Wiener Kochsalon** 1982 von Christoph Wrenkh als eines der ersten vegetarischen Restaurants der Stadt gegründet, inzwischen auch mit Fleisch und Fisch, aber immer noch viele vegetarische Gerichte auf Hauben-Niveau. Tipp: Das Lunch-Menü um ca. 10 €. ■ I., Bauernmarkt 10, Tel. 01/533 15 26, www.wienerkochsalon.com, Mo–Sa 12–22 Uhr

Der Stadttempel überlebte wie durch ein Wunder den Nazi-Terror

7 Ruprechtskirche

Gotteshaus mit uralten und hochmodernen Glasfenstern

■ U1, U4, Bus 3A, Tram 1, 2 Schwedenplatz
■ I., Ruprechtsplatz, www.ruprechtskirche.at, Mo, Mi 10–12 und 15–17, Di 10–12, Do, Fr 10–17, Sa 11–15.30 Uhr

Der Legende nach wurde die Kirche im Jahre 740 gegründet, die erste urkundliche Erwähnung erfolgte aber erst im Jahre 1200: Sowohl die Mauern des Hauptschiffs mit der Empore als auch die unteren Turmgeschosse mit den romanischen Doppelfenstern stammen aus dieser Zeit.
In der Ruprechtskirche befinden sich einerseits die ältesten Glasfenster Wiens aus dem 13. Jh., andererseits seit 1993 auch 22 moderne Glasfenster, geschaffen von der 1995 verstorbenen österreichischen Künstlerin Lydia Roppolt. Zu den Highlights gehören die drei großen Fenster rechts im Kirchenschiff mit dem Zyklus »Lob Gottes bei Errettung aus tiefster Not«.

8 Stadttempel (Synagoge)

Die letzte von 130 Synagogen, die es einst in Wien gab

■ U1, U4 Schwedenplatz
■ I., Seitenstettengasse 2–4, www.wien.info, Tel. 01/531 04-0, Besichtigung nur mit Führung Mo–Do 11.30, April–Okt. auch 14 Uhr (Ausweis erforderlich), 5 €

Das Gasthaus Griechenbeisl ist über ein halbes Jahrtausend alt

Der Stadttempel ist die Hauptsynagoge von Wien und wird auch Seitenstettentempel genannt, weil er in der Seitenstettengasse liegt. 1826 wurde die Synagoge im neoklassizistischen Stil vom Architekten Joseph Kornhäusel, der auch das Theater in der Josefstadt und das Rathaus Baden entwarf, geschaffen. Wie es damals für nichtkatholische Gotteshäuser Pflicht war, ist das Eingangstor von der Straße aus nicht sichtbar, die Synagoge ist daher hinter einem fünfstöckigen Wohnhaus versteckt.

Durch diese besondere Lage ist die Synagoge heute noch erhalten: Als in der Pogromnacht vom 9. auf den 10. November 1938 alle 130 Wiener Synagogen und Bethäuser zerstört wurden, entging diese wegen der engen Anbindung an die Wohnhäuser der Zerstörung. Der Innenraum wurde allerdings entweiht und Wiener Juden hier eingesperrt. Daran erinnert eine Gedenktafel.

Restaurants

€€€ | Griechenbeisl Gilt als ältestes Gasthaus Wiens (erstmals wurde es 1447 erwähnt), in dem schon Mozart, Beethoven, Schubert oder Mark Twain saßen (ein Autograf Twains ist in einer ihm gewidmeten Stube zu sehen). Heute ist es deshalb vor allem bei Touristen beliebt, die aber auch die klassische Wiener Küche des Lokals zu schätzen wissen. ■ I., Fleischmarkt 11, Tel. 01/5331977, www.griechenbeisl.at, tgl. 11–1 Uhr

9 Wiener Postsparkasse

5 *Otto Wagner schuf eine Ikone des Wiener Jugendstils*

■ U1, U4 Schwedenplatz, Tram 1 Georg-Coch-Platz

■ I., Georg-Coch-Platz 2, www.ottowagner.com, Mo–Fr 10–17 Uhr

Das achtstöckige Gebäude der Österreichischen Postsparkasse ist eines der berühmtesten Jugendstilbauwerke Wiens und wurde zwischen 1904 und 1906 nach Plänen von Otto Wagner errichtet. Achten Sie auf die noch heute innovativen Details: Die Fassade erinnert mit ihren quadratischen Marmortafeln an einen Geldspeicher, dessen Marmor- und Granitplatten von Metallnieten gehalten werden, und der Fußboden im Kassensaal besteht aus Glaskacheln, die Licht in die darunterliegenden Räume leiten. Das Gebäude soll in den nächsten Jahren in ein Luxushotel umgebaut werden.

Cafés

Café Ministerium Zwar erst 1935 errichtet, aber trotzdem so typisch wienerisch, dass hier auch schon Folgen des »Kommissar Rex« spielten. Seinen Namen hat es von den nahen Ministerien, deren Beamte noch immer zu den Gästen zählen. Auch die Mehlspeisen – wie der hausgemachte Topfenstrudel – sind es wert, probiert zu werden. ■ I., Georg Coch-Platz 4, Tel. 01/512 92 25, www.cafeministerium.at, Mo–Fr 7–20 Uhr

Gefällt Ihnen das?

Wenn Otto Wagner Sie begeistert, folgen Sie doch den Spuren des Jugendstilarchitekten und besuchen Sie den **Stadtbahnpavillon** am Karlsplatz (S. 79) oder das **Majolikahaus** am Naschmarkt (S. 88). Ein Gesamtkunstwerk ist die **Kirche am Steinhof** (S. 110). Wie Wagner lebte, sehen Sie bei den **Otto-Wagner-Villen** in Hütteldorf (S. 110).

10 Dominikanerkirche

Italienische Barockarchitektur im Herzen der Altstadt

■ U3, Bus 3A Stubentor, U1, U4, Tram 1,2 Schwedenplatz
■ I., Postgasse 4, www.wien.dominikaner.org, Mo–Fr 9–12, Mo–Do 15–17.30 Uhr (Juli, Aug. nur vormittags)

Ein Dominikanerkloster stand hier bereits im 13. Jh., zwischen 1631 und 1634 wurde aber erst die dazugehörige barocke Kirche errichtet. Dass am Bau vor allem italienische Architekten und Bildhauer beteiligt waren, sieht man noch heute an der Fassade, die an die florentinische Dominikanerkirche Santa Maria Novella erinnert.

In der Dominikanerkirche sind frühbarocke Deckenmalereien zu bewundern

Die Kirche ist der hl. Maria vom Rosenkranz geweiht, eine Statue der Kirchenpatronin ist über dem Eingangsportal zu sehen. Die frühbarocken Deckenbilder des Langhauses haben ebenfalls das Leben Marias zum Thema und stammen von Matthias Rauchmüller: Sie zeigen u. a. ihre Vermählung, Maria als Braut des Heiligen Geistes und Mariä Opferung.

Restaurants

€€€ | Konstantin Filippou Konstantin Filippou ist heute neben dem Steirereck das kulinarische Aushängeschild Wiens und dem »Guide Michelin« zwei Sterne wert. Seine mediterranen Wurzeln paart er nicht nur in seinem nobel-minimalistischen Restaurant gekonnt mit österreichischer Tradition: Gefülltes steirisches Henderl oder Knödel stehen auch in seiner angeschlossenen Weinbar O boufés auf der Karte, ebenso wie Garnelen-Saganaki oder Lamm-Keftedes. Und das alles zu moderateren Preisen als im Restaurant. ■ I., Dominikanerbastei 17, Tel. 01/5122229, www.konstantinfilippou.com, Mo–Fr 12–15, 18.30–24 Uhr

ADAC Spartipp

Der **Tagesteller** ist die günstigste Möglichkeit, in Wien in Kaffeehäusern, Beisln und in vielen renommierten Lokalen zu Mittag zu essen. Dabei handelt es sich um ein Tagesgericht, oft auch vegetarisch, das meist um die 10 € kostet und von Montag bis Samstag angeboten wird.

€€€ | Silvio Nickol Restaurant im Palais Coburg Der Hoyerswerder Silvio Nickol hat sich in Kärnten erste Meriten erkocht, inzwischen ist das mondäne Palais Coburg seine Bühne: Dort kombiniert er Kreativität mit hervorragenden saisonalen und regionalen Zutaten. Hinzu kommt eine der besten Weinkarten. ■ I., Coburgbastei 4, Tel. 01/ 518 188 00, www.palais-coburg.com, Di–Sa 19–21.30 Uhr

11 Jesuitenkirche

Die Kirche mit meisterhafter Scheinkuppel gehörte einst zur Universität

■ U3 Stubentor
■ I., Dr.-Ignaz-Seipel-Platz, Mo–Sa 7–19, So 8–19 Uhr

Kaiser Friedrich II. holte im späten 17. Jh. die Jesuiten nach Wien und schenkte ihnen dazu die passende Kirche. Den Jesuitenheiligen Ignatius von Loyola und Franz Xaver geweiht, erhielt die Kirche aber wegen der bereits bestehenden Jesuitenkirche am Hof nicht nur die Bezeichnung »bei den unteren Jesuiten«, sondern 1703 auch zwei Türme mit imposanten Turmhelmen und eine zweigeschossige Fassade. Auch das Interieur setzt die Zweigeschossigkeit fort: Die acht Seitenkapellen des Gotteshauses sind durch auf Säulen ruhende Emporen miteinander verbunden.
Die Ausstattung stammt von dem italienischen Maler und Bildhauer Andrea Pozzo: Die prächtige Trompe-l'œil-Scheinkuppel gilt als sein Meisterwerk und vermittelt dem lang gezogenen Langhaus den Eindruck, ein Zentralbau zu sein. Ein heller Stein am Boden markiert die Position, auf der die Scheinkuppel ihre größte Wirkung entfaltet.

Der Zwölf Apostelkeller schenkt in einem uralten Gewölbe Wein aus

Restaurants

€€ | **Pfudl** Ein Hort der original Wiener Küche in einem verwinkelten Haus in der Bäckerstraße: In Wien wird sich kaum ein besseres Ausgelöstes Backhendl oder Kalbsrahmgulasch finden lassen. ■ I., Bäckerstr. 22, Tel. 01/512 67 05, www.gasthauspfudl.com, Di–So 10–23 Uhr

€€€ | **Plachutta Wollzeile** Hier wird dem Wiener Tafelspitz gehuldigt, während in Plachuttas Gasthaus an der Oper das Wiener Schnitzel im Vordergrund steht (für viele das beste Wiens). ■ I., Wollzeile 38, Tel. 01/512 15 77, www.plachutta.at, tgl. 11.30–24 Uhr

€€€ | **Restaurant Buxbaum** Im schmucken Heiligenkreuzerhof wird traditionelle Wiener Küche mit überwiegend biologischen Zutaten aufgetischt. ■ I., Grashofgasse 3 (im Heiligenkreuzerhof), Tel. 01/276 82 26, www.buxbaum.restaurant, Mo–Sa 12–15 und 17–22 Uhr

€€€ | **Walter Bauer** Das winzige Restaurant in einer kleinen Seitenstraße punktet mit geradliniger Wiener Küche, in der auch Klassiker modern interpretiert werden. Und wo gibt es schon Leberkäse als Amuse-Gueule? Unbedingt reservieren! ■ I., Sonnenfelsgasse 17, Tel. 01/512 98 71, Di–Fr 12–15, Mo–Fr 18–24 Uhr

Cafés

Café Engländer Schon mehr ein Restaurant als ein Kaffeehaus, obwohl das Frühstück zu den besten Wiens zählt. Auf der Abendkarte stehen dann auch Köstlichkeiten wie Thymian-Risotto oder ein Tafelspitz vom Waldviertler Jungrind. ■ I., Postgasse 2, Tel. 01/966 86 65, www.cafe-englaender.com, Mo–Sa 10–1 Uhr

Heurige

Zwölf Apostelkeller Teile des drei Etagen tiefen Gewölbes in diesem Stadtheurigen sind 900 Jahre alt, die Fassade stammt von Johann Lucas von Hildebrandt und der Hauswein aus Grinzing. Dazu wird ein umfangreiches Heurigenbüfett geboten (20 € pro Person). ■ I., Sonnenfelsgasse 3, Tel. 01/512 67 77, www.zwoelf-apostelkeller.at, tgl. 11–24 Uhr

Gefällt Ihnen das?

Wer noch Durst hat, steigt in die Straßenbahnlinie D (ab der Ringstraße) und fährt nach Grinzing oder Heiligenstadt (S. 116). Dort finden Sie **Heurige**, in denen Sie direkt im Rebberg sitzen können.

12 Franziskanerkirche

In dieser Kirche wird die »Madonna mit der Axt« verehrt

■ U1, U3, Bus 1A Stephansplatz
■ I., Franziskanerplatz 4, Tel. 01/512 45 78, www.franziskaner.at, Klosterpforte 9–12 u. 14.30–16.30 Uhr

Als die Franziskaner das Gebäude – in dem frühere Dirnen ihre Verfehlungen büßen mussten – 1589 übernahmen, verwendeten sie für die Umgestaltung auch Teile des Originalbaus aus dem 14. Jh.: Bis heute ist das Gotteshaus ein Stilmix aus Gotik und Renaissance.
Der Hochaltar ist wie schon die Jesuitenkirche ein Meisterwerk von Andrea Pozzo und wurde 1707 geschaffen: Zum Teil ist er plastisch gestaltet, die Säulen, die Kuppel und die Wolken hingegen sind gemalt.

Eine alte Legende rankt sich um die Gnadenstatue aus dem 15. Jh.: Sie sollte ursprünglich von Protestanten zerstört werden, widerstand allerdings dem Feuer. Nachdem man vergeblich versucht hatte, sie mit einer Axt klein zu kriegen, beließ man das Beil in Marias linker Schulter. Seitdem wird die Statue als »Madonna mit der Axt« verehrt. Auch die älteste Orgel Wiens, die Wöckherl-Orgel von 1642, ist in der Kirche zu sehen und – bei Festgottesdiensten – auch zu hören.

Restaurants

€€€ | **Weibels Wirtshaus** Hierher kommen die Wiener nicht nur auf ein Gläschen, sondern auch um gut zu essen: Krautfleckerl zum Beispiel werden im Sommer im gemütlichen kleinen Schanigarten serviert. ■ I., Kumpfgasse 2, Tel. 01/5123986, www.weibel.at, tgl. 11.30–24 Uhr

Im Blickpunkt

Wean Hean

Das Wienerlied verbindet seit dem frühen 18. Jh. wienerische Themen mit viel Herz, manchmal auch Schmerz und nicht selten schwarzem Humor. Von Karl Hodina oder Roland Neuwirth geprägt, ist inzwischen längst eine neue Generation am Werk: Das Kollegium Kalksburg, Ernst Molden oder der Nino aus Wien vertreten eine zeitgemäße Version. Dem Wienerlied ist auch alljährlich in verschiedenen Locations der Stadt das Musikfestival »Wean Hean« gewidmet.
www.weanhean.at

Einkaufen

Hartmann Von Erich Hartmann selbst designte Brillenfassungen, auch Kämme und Bürsten aus Horn und Holz. ■ I., Singerstr. 8 (Eingang Liliengasse), www.hartmann-brilliance.com

13 Winterpalais

Prinz Eugens luxuriöse Stadtresidenz für die kalte Jahreszeit

■ U1, U3 Stephansplatz, Bus 2A Plankengasse
■ I., Himmelpfortgasse 6–8

Ein Meisterwerk des Barock, begonnen 1697 von Johann Bernhard Fischer von Erlach, fertiggestellt von Johann Lucas von Hildebrandt: Das Gebäude diente Prinz Eugen bis zu seinem Tod im Jahre 1736 als Winterresidenz. Mitte des 19. Jh. machte das Finanzministerium den Prunkbau zu seiner Zentrale.
Nach einer umfassenden Sanierung durfte zwischen 2013 und 2017 das Belvedere den Winterpalais als Ausstellungsort nutzen, doch seit 2018 ist das Finanzministerium wieder in die herrschaftlichen Salons eingezogen. Aus diesem Grund lässt bis auf Weiteres nur das große Portal mit den seitlichen Reliefs von Lorenzo Mattielli, die Herkules und Aeneas darstellen, das prunkvolle Innere erahnen.

Restaurants

€€€ | **Restaurant Tian** Vegane Küche at its best: Selbst Fleisch- und Fischesser werden von der Vielfalt begeistert sein, die man bei einem Degustationsmenü von bis zu zehn Gängen erforschen kann. Kostengünstiger gibt

Die Kärntner Straße ist eine der Haupteinkaufsmeilen der Stadt

es die Tian-Küche im Tian-Bistro am Spittelberg. ■ I., Himmelpfortgasse 23, Tel. 01/890 46 65, www.taste-tian.com, Di 18–21, Mi–Sa 12–14 und 18–21 Uhr

14 Haus der Musik

6 *Hier können Sie zum virtuellen Taktstock greifen*

■ U1, U3 Stephansplatz
■ I., Seilerstätte 30, Tel. 513 48 50, www.hdm.at, tgl. 10–22 Uhr, 13 €, erm. 6 €

Erwachsene und vor allem Kinder erhalten in einem historischen Stadtpalais auf vier Etagen eine umfassende Einführung in die Welt der Musik: Das beginnt mit dem Museum der Wiener Philharmoniker, wo man würfelnd einen Walzer komponieren kann und führt über die »Sonosphere«, wo man unterschiedliche Aspekte von Klang und Musik entdecken und eine CD aufnehmen kann, bis zur Geschichte von Mozart, Strauss und anderen Musikgrößen. Interaktivität wird großgeschrieben: Entweder als Dirigent der virtuellen Wiener Philharmoniker oder in der »virto|stage«, in der Bewegung in Opernmusik umgewandelt wird.

Kinder

Das Haus der Musik bietet Kinderkonzerte zum Mitsingen mit wechselnden Künstlern und an Wochenenden nach Anmeldung zweistündige Führungen speziell für Kinder.

15 Kärntner Straße

Die traditionsreichste Einkaufsmeile der Wiener Innenstadt

■ U1, U3 Stephansplatz
■ I., Kärntner Straße

1257 als »Strata Carinthianorum« erstmals erwähnt, hat die Straße ihren

Das Lampengeschäft Lobmeyr zählt auch die Wiener Staatsoper zu seinen Kunden

Namen vom Kärntner Tor in der ehemaligen Stadtmauer, das nach Süden führte und die Stadt mit den Hafenstädten Venedig und Triest verband. Nach der Schleifung der Stadtmauer entwickelte sich die Straße bald zu einer der Hauptgeschäftsstraßen der Monarchie, wurde aber erst 1974 zu einer Fußgängerzone umgestaltet. Hier findet man historische Geschäftshäuser von Hoflieferanten ebenso wie Filialen von Zara oder H&M. Ein Spaziergang lohnt sich aber auf jeden Fall, auch um das Flair mit Straßenkünstlern, Schanigärten und promenierenden Familien aus aller Welt zu genießen.

Einkaufen

Lobmeyr Eines der letzten original erhaltenen Geschäftsportale der Kärntner Straße und ein Schrein Wiener Designs: So stammen zum Beispiel die Kronleuchter der Wiener Staatsoper aus der traditionsreichen, seit 1823 existierenden Glasmanufaktur. Im angeschlossenen kleinen Museum kann man die Geschichte der Glasbläserkunst nachverfolgen, im Geschäft das geblasene Ergebnis erwerben.
■ I., Kärntner Str. 26, www.lobmeyr.at

16 Neuer Markt

Marktplatz mit barockem Providentiabrunnen

■ U1, U3 Stephansplatz
■ I., Neuer Markt

Als der Hohe Markt nicht mehr für die Versorgung Wiens ausreichte, wurde der Neue Markt geschaffen, auf dem bis ins 19. Jh. auch Mehl und Getreide gehandelt wurden – hin und wieder hört man daher auch noch die Bezeichnung »Mehlmarkt«. Heute ist das längst Geschichte, der Neue Markt aber trotzdem ein Zentrum des touristischen Wiens und der Habsburger-Verehrung: Unter der Kapuzinerkirche liegt mit der Kapuzinergruft die Ruhestätte der Habsburger.

Sehenswert

Donnerbrunnen

| Brunnen |

Der opulent-barocke Donnerbrunnen in der Mitte des Platzes wurde 1739 von Georg Raphael Donner geschaffen. Sein eigentlicher Name ist Providentiabrunnen. Die Bronzeskulpturen sind übrigens Kopien, die Originale befinden sich im Belvedere.

Restaurants

€ | **Ferdinandt** Klassische Wiener Küche, dazu gibt's den »Roten Ferdinandt«, das traditionelle Hausbier. ■ I., Neuer Markt 2, Tel. 01/513 89 91, www.ferdinandt.at, tgl. 9–24 Uhr

Cafés

7 **Kurkonditorei Oberlaa** Die Stadtfiliale der renommierten Kurkonditorei ist ein Paradies für Liebhaber von Torten, Pralinés und Schokolade. Zu einer Tasse Kaffee kann man sie gleich vor Ort probieren. ■ I., Neuer Markt 10-11, Tel. 01/513 29 36-0, www.oberlaa-wien.at, tgl. 8–20 Uhr

Einkaufen

A. E. Köchert Zu den Kunden des renommierten Juweliers und Hoflieferanten A. E. Köchert gehörte einst auch Kaiserin Elisabeth: Die kunstvoll verarbeiteten Edelsteine Köcherts sieht man u.a. auf einigen der berühmten Winterhalter-Porträts der Kaiserin in der Hofburg. ■ I., Neuer Markt 15, www.koechert.at

17 Kapuzinergruft

2 *Unter der Kapuzinerkirche ruhen etliche gekrönte Häupter*

■ U1, U3 Stephansplatz
■ I., Neuer Markt, Tel. 01/512 68 53 88, www.kaisergruft.at, tgl. 10–18 Uhr (Do 9–18), 7,50 €, erm. 4,50 €, diverse Themenführungen

Die Kapuzinergruft, auch Kaisergruft genannt, ist die wohl bedeutendste

Der Providentiabrunnen heißt nach seinem Erbauer auch Donnerbrunnen

Johann Lucas von Hildebrandt gestaltete auch den Sarkophag Kaiser Josephs I.

Begräbnisstätte der Habsburger, die auch einem der wichtigsten Romane von Joseph Roth den Namen gab. Sie liegt am Neuen Markt unter dem Kapuzinerkloster und wird von den Ordensbrüdern betreut.

Kaiserin Anna stiftete 1617 das Kapuzinerkloster und initiierte den Bau der Gruft. Begonnen wurde er aber erst unter Ferdinand II. im Jahre 1622, der sofort nach der Fertigstellung im Jahre 1633 die Särge der verstorbenen Stifterin Anna und ihres Gatten Matthias in die Gruft überführen ließ. Dem folgten bis heute zwölf Kaiser, 18 Kaiserinnen und viele weitere Mitglieder der Familie Habsburg bzw. Habsburg-Lothringen. Die bislang letzte Bestattung fand 2011 statt: Otto Habsburg, Sohn des letzten Kaisers von Österreich, und seine Frau Regina von Sachsen-Meiningen wurden in der Kaisergruft beigesetzt. An einigen der prunkvollen Grablegen arbeiteten auch berühmte Architekten mit: Die barocke Karlsgruft, unter Kaiser Karl VI. um 1720 errichtet, wurde von Johann Lucas von Hildebrandt geplant, die Maria-Theresien-Gruft hingegen um 1740 von Jean Nicolas Jadot de Ville-Issey und Nikolaus Pacassi im Rokoko-Stil. Der dominante spätbarocke Doppelsarkophag für Maria Theresia und Kaiser Franz I. Stephan von Lothringen hingegen wurde vom Innsbrucker Bildhauer Balthasar Ferdinand Moll bereits zu Lebzeiten

der Kaiserin gebaut, flankiert von sechs Sarkophagen von Töchtern, Schwiegertöchtern und Enkelinnen. Als Kontrast dazu fungiert der fast spartanische Sarg von Joseph II.

18 Jüdisches Museum

Das jüdische Wien und seine wechselvolle Geschichte

■ U1, U3, Bus 2A Stephansplatz
■ I., Dorotheergasse 11, Tel. 01/5350 431130, www.jmw.at, So–Fr 10–18 Uhr, 12 €, Kinder frei

Die Ausstellungen widmen sich der langen Geschichte der Juden in Wien – und den Opfern des Holocaust: Von einstmals 183000 jüdischen Wienern wurden 60000 ermordet. Daneben gibt es Ausstellungen über wechselnde Themen, die jüdische Kultur oder den Holocaust betreffend.

19 Theatermuseum

Das Palais Lobkowitz birgt die größte Theatersammlung Österreichs

■ U1, U2, U4 Karlsplatz
■ I., Lobkowitzplatz 2, Tel. 01/52524 2729, www.theatermuseum.at, Mi–Mo 10–18 Uhr, 12 €, Kinder frei

Das Theatermuseum ist Teil des Kunsthistorischen Museums Wien und seit 1991 im Palais Lobkowitz untergebracht. Seinen Ursprung hat es in der Theatersammlung der Österreichischen Nationalbibliothek. Heute beherbergt das Museum eine der größten Theatersammlungen weltweit, in die auch vor wenigen Jahren das Staatsopernmuseum integriert wurde: Der Bestand umfasst mehr als zwei Millionen Objekte, Bühnenbildmodelle, Gemälde, Kostüme und Requisiten. Dazu kommen noch mehr als 100000 Zeichnungen und Grafiken, 700000 Theaterfotos und bedeutende Originalmanuskripte von Schriftstellern, etwa Stefan Zweig und Hermann Bahr.

Cafés

Sacher Klassische Wiener Kaffeehauskultur vom Feinsten: Empfohlen ist natürlich ein Stück original Sachertorte, aber die Tortenvitrine hat noch mehr Köstlichkeiten zu bieten.
■ I., Philharmonikerstr. 4, Tel. 01/5145 6661, www.sacher.com, tgl. 8–24 Uhr

Am Abend

Alles begann in den 1980er-Jahren: Rund um die Lokale Krah Krah, Salzamt und Roter Engel entstand ein Szeneviertel, das bis heute überdauert hat und als »Bermuda-Dreieck« in die Annalen der Wiener Nachtschwärmer eingegangen ist. Aber natürlich ist die Innenstadt nicht nur Partymeile, hier finden sich auch Konzertbühnen von Weltformat: Jazzfreunde werden in der Wiener Altstadt ebenso fündig wie Liebhaber von stimmungsvollen Cocktailbars und Kaffeehäusern, die auch schon mal als »zweites Wohnzimmer« von Künstlern und Literaten bezeichnet wurden.

Bühne

Ronacher Das Ronacher widmete sich einst dem Kabarett und dem Varieté, hat sich aber längst auf Musicals verlegt: Vor allem Broadwayproduktionen stehen auf dem Spielplan.
■ I., Seilerstätte 9, U1, U3 Stephansplatz, Tel. 01/588 85, www.musicalvienna.at

Konzerte

Jazzland In Wiens ältestem Jazzkeller kann man seit 1972 unter der Ruprechtskirche bis zu sechsmal in der Woche alle Stilrichtungen des Jazz live erleben. Österreichs Jazzlegende Joe Zawinul war hier Stammgast.
■ I., Franz-Josefs-Kai 29, U1, U4 Schwedenplatz, Tel. 01/533 25 75, www.jazzland.at, Mo–Sa ab 19 Uhr, Livemusik ab 21 Uhr

Porgy & Bess Die etwas modernere Variante des Jazzland: Aufstrebende Künstler und Stars des zeitgenössischen Jazz geben sich hier gerne ein Stelldichein. Dazu gibt es eine gute Wein- und Bierauswahl. ■ I., Riemergasse 11, U1, U3 Stephansplatz, Tel. 01/512 88 11, www.porgy.at, Kassenöffnungszeiten tgl. ab 16 Uhr

Kneipen, Bars und Clubs

Kaffee Alt Wien Tagsüber ein Kaffeehaus, abends eine Bar mit meist jungem Publikum und lauter Musik. Dazu wird bis spät in die Nacht eines der besten Gulaschs Wiens serviert.
■ I., Bäckerstr. 9, U3 Stubentor, Tel. 01/512 52 22, www.kaffeealtwien.at, tgl. 9–2 Uhr

Loos American Bar Von Verehrern kurz »die Loos« genannt, wurde die American Bar von Adolf Loos 1908 in minimalistischem Design konzipiert. Hier trinkt man entweder Cocktail-Klassiker oder Champagner. Ist man unentschieden, ist der »Loos feingespritzt« eine erfrischende Alternative: Champagner mit Soda und Minze. ■ I., Kärntner Durchgang 10, U1, U3 Stephansplatz, Tel. 01/512 32 83, www.loosbar.at, tgl. 14–3 Uhr

Roter Engel Vor fast 40 Jahren eines der ersten Lokale im Bermuda-Dreieck: Lounge- und Cocktailbar mit hervorragender Getränkekarte und kleinen Häppchen. Gute Musikauswahl aus der Konserve, aber auch DJ-Sets im Programm. ■ I., Rabensteig 5, U1, U4 Schwedenplatz, Tel. 01/535 41 05, www.roterengel.at, tgl. 17–4 Uhr

Übernachten

Einige der besten Adressen Wiens sind in der Altstadt zu finden: Renommierte Literatenhotels ebenso wie moderne Kettenhotels. Dabei übernachtet man überraschend günstig und das meist mit viel Flair, mit etwas Glück und/oder Geld sogar in einem Zimmer, in dem schon John F. Kennedy (Sacher) oder Franz Kafka (Graben) geschlafen hat. Großer Vorteil: Die wichtigsten Sehenswürdigkeiten erreicht man in wenigen Minuten. Einziger Nachteil: Die Zufahrt mit dem Auto ist meist erschwert, Parken nur in der Garage möglich.

€€

Graben Alteingesessenes Literatenhotel, in dem schon Peter Altenberg, Franz Kafka oder Alfred Polgar gewohnt haben. Die Ausstattung vereint Geschichte mit Komfort. ■ I., Dorotheergasse 3, Tel. 01/51215310, www.kremslehnerhotels.at, 56 Zimmer

€€€

Do & Co Hotel Im Haas-Haus gegenüber dem Stephansdom, inmitten der Altstadt: Zentraler kann man nicht wohnen. Von der Onyx-Bar im 6. Stock hat man einen herrlichen Blick auf den Steffl. ■ I., Stephansplatz 12, Tel. 01/24188, www.doco.com, 41 Zimmer, 2 Suiten

Römischer Kaiser Elegantes Stadtpalais zwischen Steffl und Oper. Komfortable Zimmer und ausgezeichnetes Frühstück. ■ I., Annagasse 16, Tel. 01/51277510, www.hotel-roemischer-kaiser.at, 24 Zimmer

ADAC Das besondere Hotel

Im **Hotel Sacher**, dem wohl berühmtesten Hotel Wiens, steigen Staatsgäste und Jetset genauso ab wie Künstler und alter europäischer Adel. Der Gastronom Eduard Sacher, Sohn des Erfinders der Sachertorte Franz Sacher, eröffnete es 1876 neben der Staatsoper als »Hotel de l'Opera« mit Restaurant. Später führte seine Enkelin Anna Sacher das Haus mit eiserner Hand. Ihr verdankt noch heute das Restaurant »Anna Sacher« den Namen. Im »Sacher« gibt es aber noch weitere gastronomische Institutionen. *€€€ | I., Philharmonikerstraße 4, Wien, Tel. 01/514560, www.sacher.com, 111 Zimmer und Suiten*

Um die Hofburg – Kunst entlang der Ringstraße

Bereits die Babenberger verlegten ihre Residenz hierher, und unter den Habsburgern wurde die Hofburg zur Machtzentrale

Von hier aus wurden Kriege geführt, hier wurden Feste gefeiert und zahlreiche politische Entscheidungen getroffen. Nicht zuletzt war die Hofburg aber auch die Wohnstätte der Herrscher Österreichs. Rund um den Heldenplatz hätte auf Wunsch von Kaiser Franz Joseph das pompöse Zentrum eines Weltreiches – das Kaiserforum – entstehen sollen. Errichtet wurden nur der Platz und das Ensemble des Natur- und Kunsthistorischen Museums, bevor die Dynastie – und damit die österreichische Monarchie – unterging. Aber wir verdanken den Habsburgern bis heute nicht nur einige der schönsten Museen der Welt, sondern auch die Ringstraße, das Burgtheater und die Staatsoper.

Kern dieses Rundgangs ist natürlich der Komplex der Hofburg, in dem auch 800 Jahre Reichsgeschichte ihren Niederschlag gefunden haben – von den Resten der Alten Burg der Babenberger über die Schatzkammern verschiedener Habsburgerherrscher, die Waffen- und Globensammlungen und den Bücherschatz der Nationalbibliothek bis zu den Kaiserappartements.

In diesem Kapitel:

ADAC Top Tipps:

3 Hofburg
| Schloss |
Das prunkvolle einstige Herrschaftszentrum des Habsburgerreiches ist auch wegen der Nationalbibliothek, der Kaiserappartements und seiner Museen einen Besuch wert. 48

4 MuseumsQuartier
| Kulturareal |
In den ehemaligen Hofstallungen sind einige der bedeutendsten Sammlungen österreichischer Malerei und internationaler zeitgenössischer Kunst untergebracht. 62

ADAC Empfehlungen:

8 Michaelergruft
| Grabstätte |
Morbider Charme im Untergrund: Die barocke Kirche über der Gruft ist ebenso einen Besuch wert wie die Gruft mit ihren Mumien. 46

9 Looshaus
| Architektur |
»Haus ohne Augenbrauen« wurde das Gebäude wenig schmeichelhaft schon genannt – heute gilt es als Perle der Wiener Moderne. 47

10 Österreichische Nationalbibliothek
| Bibliothek |
Druckwerke und Papyri aus mehr als 3000 Jahren, dazu Globen, Handschriften und Inkunabeln. 51

11 Phantastenmuseum Wien
| Museum |
Dem Phantastischen Realismus gewidmete Sammlung mit Werken von Arik Brauer, Rudolf Hausner und Ernst Fuchs. 53

12 Altstadt Vienna
| Hotel |
Werke von Niki de Saint Phalle oder Andy Warhol hängen über den Betten dieses Boutiquehotels. 71

Die Michaelerkirche ist ein klassizistisches Schmuckstück

20 Michaelerkirche

Stilmix in einer der wichtigsten Begräbniskirchen Wiens

■ U3 Herrengasse, U1, U3 Stephansplatz, Bus 1A, 2A Michaelerplatz
■ I., Habsburgergasse 12, Tel. 01/533 80 00, www.michaelerkirche.at, Mo–Sa 7–22, So 8–22 Uhr

Unter den vielen Sehenswürdigkeiten rund um die Hofburg spielt die Michaelerkirche oft die zweite Geige, ihre ganze klassizistische Pracht offenbart sie nämlich zum Michaelerplatz hin. Das beginnt schon mit dem opulenten Portalvorbau mit Engelsturz von Lorenzo Mattielli aus dem Jahre 1724, aber auch die Harmonie zwischen barocken und klassizistischen Elementen in ihrem Inneren beeindruckt: Aus dem 15. Jh. stammt der gotische Schmerzensmann in der Taufkapelle, gar ein Jahrhundert älter sind die Steinfiguren in der Nikolauskapelle im rechten Chor. Vom ursprünglich romanischen Bau – errichtet zwischen 1219 und 1221 unter dem Babenbergerherzog Leopold IV. – hat sich das Langhaus erhalten.
Mit ihren über hundert Grabmälern gilt die Michaelerkirche neben dem Stephansdom als die wichtigste Begräbniskirche Wiens: Marmorplatten der Adelsgeschlechter im Boden der Kirche zeigen heute noch, wo die Toten einst mit Seilen in die jeweiligen Grüfte versenkt wurden.

Sehenswert

Michaelergruft

| Grabstätte |

8 *Morbider Charme im Untergrund der Michaelerkirche*

Ein sinistres Gefühl ergreift einen, steigt man die alten Steinstufen hinab in die Gruft der Michaelerkirche. Bereits im 14. Jh. wurden die ersten Menschen hier begraben, Einzelgrüfte wurden aber erst im späten 16. Jh. eingerichtet. Bis 1784 wurden hier rund 4000 Personen bestattet. Dass die Gruft aber heute noch so bekannt ist, verdankt sie den besonderen klimatischen Besonderheiten: Die Leichen mumifizierten zum Teil, in Kombination mit den teilweise bemalten Särgen und verstreuten Knochen in den Gewölben ergibt sich ein einzigartiger morbider Charme.

■ Ein Besuch der Michaelergruft ist nur im Rahmen einer Führung möglich: Mo–Sa 11 u. 13 Uhr (Treffpunkt vor dem Haupteingang der Kirche), 7 €, erm. 3 €

Restaurants

€€ | **Gasthaus Pöschl** Mini-Wirtshaus, in dem der Schauspieler Hanno Pöschl seiner Liebe zur Wiener Küche frönt. ■ I., Weihburggasse 17, Tel. 01/5135288, www.gasthauspöschl.com, tgl. 12–24 Uhr

Cafés

Demel Wer an exzellente Wiener Mehlspeisen denkt, dem kommt seit 1786 in erster Linie der k.u.k Hofzuckerbäcker Demel in den Sinn: Von der Sachertorte, die Eduard Sacher hier erfand, bis zur Annatorte aus Pariser Creme und Nougat stehen täglich über 20 Köstlichkeiten in der Vitrine zur Auswahl. ■ I., Kohlmarkt 14, Tel. 01/5351717, www.demel.at, tgl. 9–19 Uhr

21 Looshaus

9 *Kaiser Franz Joseph gefiel das »Haus ohne Augenbrauen« nicht*

■ U3 Herrengasse, U1, U3 Stephansplatz, Bus 1A, 2A Michaelerplatz
■ I., Michaelerplatz 3

Das Looshaus gegenüber der Hofburg ist eines der wichtigsten Bauwerke der Wiener Moderne: Es wurde 1909–11 nach Plänen von Adolf Loos als Geschäftsgebäude für den Herrenschneider Goldman & Salatsch errichtet. Die funktionelle Architektur stieß bei zahlreichen Wienern und auch bei Hofe auf starke Ablehnung: Das Gebäude wurde aufgrund der fehlenden Fensterumrahmungen abschätzig »das Haus ohne Augenbrauen« genannt, und Kaiser Franz Joseph soll es gar vermieden haben, aus den Fenstern des Michaelertraktes der Hofburg darauf zu blicken.

Ein gutes Beispiel für die Wiener Moderne: das Looshaus vis-à-vis der Hofburg

22 Hofburg

Prunkvolles Herrschaftszentrum des Habsburgerreiches

Die Schatzkammer im ältesten Teil der Hofburg birgt kaiserliche Kostbarkeiten

Information

- U3 Herrengasse, U1, U3 Stephansplatz, Tram 1, 2, D Burgring
- I., Eingang Michaelerplatz, Tel. 01/533 7570, www.hofburg-wien.at, Sept.–Juni tgl. 9–17.30, Juli, Aug. 9–18 Uhr, 15 €, erm. 9 € (inkl. Kaiserappartements, Sisi Museum und Silberkammer)
- Parken: siehe S. 54

3 *Einst Mittelpunkt des Kaiserreichs, heute Museum*

Einst befestigte Burg, dann auch Residenz der österreichischen Herrscher – zuerst der Babenberger, später der Habsburger. Von hier wurden vom 13. Jh. bis 1918 die Geschicke Österreichs und später der Donaumonarchie geleitet, die Hofburg diente aber auch als Wohnsitz der kaiserlichen Familie: Nach dem Bau Schönbrunns im 18. Jh. blieb sie Winterresidenz. Heute hat der österreichische Bundespräsident hier Sitz und Wohnung.

Außerdem beherbergt die Hofburg einige der bedeutendsten Kunst- und wissenschaftlichen Sammlungen Österreichs sowie die Spanische Hofreitschule. Vor der Hofburg liegt der Heldenplatz mit den dominanten Denkmälern der Feldherren Erzherzog Karl und Prinz Eugen.

Plan S. 51

poldinischen Trakt sind dagegen der Öffentlichkeit nicht zugänglich: Hier hat der österreichische Bundespräsident seinen Amtssitz.

■ Hofburg Michaelerkuppel

b Sisi Museum

| Museum |

Das nach Kaiserin Elisabeth benannte Sisi Museum ist in den nach Erzherzog Stephan Viktor benannten Stephan-Appartements untergebracht. Die Ausstellung ist dem Leben der Kaiserin gewidmet – von der Kindheit in Bayern bis zum Attentat in Genf 1898. Außer Gemälden und Exponaten ihres offiziellen Lebens als Kaiserin – bis hin zu ihrer Totenmaske – wurden auch viele Ausstellungsstücke aus dem Alltag zusammengetragen: Bekleidung, Accessoires, Spiele, aber auch Schönheitsrezepte und Kosmetik. Nachgebaut wurde unter anderem ihr luxuriöser Hofsalonwagen und ihr Fitnessraum.

■ Hofburg Michaelerkuppel

Sehenswert

a Kaiserappartements

| Palast |

In der Amalienburg und im Reichskanzleitrakt sind die Appartements von Kaiser Franz Joseph I. und Kaiserin Elisabeth untergebracht, die beide die Hofburg als Wohnsitz der Sommerresidenz Schönbrunn vorzogen: Das Mobiliar stammt zum größten Teil aus der zweiten Hälfte des 18. Jh., auch die Keramiköfen sind noch Teil der Originalausstattung. Sehenswert sind auch die Luster der Glasmanufaktur Lobmeyr. Die Appartements von Kaiser Maria Theresia und Joseph II. im Leo-

c Spanische Hofreitschule

| Pferdevorführung |

Geschaffen wurde die Spanische Hofreitschule einst, um die kaiserliche Familie im Reiten zu unterrichten. Als ideale Pferde dafür hatte man bald die weißen Lipizzaner erkoren, die auf andalusische Rassen zurückgehen – daher auch die Bezeichnung »spanisch« im Namen: Seit 1572 züchtete man sie im Hofgestüt Lipizza bei Triest. Nach dem Ende der Habsburgermonarchie wurde das Gestüt allerdings ins steirische Piber verlegt. Von dort kommen nur die besten Hengste mit etwa vier

ADAC Mobil

Vom Standplatz in der Pariser Rue Saint-Fiacre haben die **Fiaker**, die ursprünglich in Wien als »Janschky-Wagen« bezeichneten Lohnkutschen, ihren heutigen Namen. Die Vorgänger der Taxis dienen heute nurmehr touristischen Zwecken, und der Kutscher ist erfahrener Guide und Animateur. Standplätze sind u. a. am Heldenplatz, am Stephansplatz, vor der Hofburg und beim Burgtheater. Eine 20-minütige Fahrt durch die Innere Stadt für maximal vier Erwachsene kostet 55 €.

Jahren zur Ausbildung nach Wien, um Protagonisten der perfekt choreografierten Vorführungen der Spanischen Hofreitschule in der Winterreitschule neben der Hofburg zu werden. Seit 2015 ist die Spanische Hofreitschule Teil des immateriellen Weltkulturerbes der UNESCO.

Karten für die Hauptvorführung in der Winterreitschule müssen lange im Voraus bestellt werden. Tickets für die Morgenarbeit im Reitsaal (tgl. 10–12 Uhr) am selben Tag sind ohne Reservierung an den Kassen der Spanischen Hofreitschule erhältlich. Sicherheitshalber sollte man auch hier rechtzeitig reservieren.

■ I., Michaelerplatz 1, Tel. 01/533 90 31, www.srs.at, Vorführungen und Preise siehe Homepage

d Alte Silberkammer

| Schatzkammer |

Die ehemalige Hofsilber- und Tafelkammer basiert auf dem Fest- und Alltagsgeschirr des kaiserlichen Hofes. Ein Detail am Rande: Bis Ende des 18. Jh. wurde nur auf Silbergeschirr gegessen, Porzellan diente lediglich als Tischschmuck.

Das ebenfalls ausgestellte Galagedeck von Kaiser Franz Joseph kommt übrigens heute noch bei Staatsempfängen zum Einsatz.

■ Hofburg Michaelerkuppel

e Schatzkammer

| Schatzkammer |

Die Kaiserliche Schatzkammer darf als das Herzstück der Sammlungen des Habsburgerreiches gelten und vereint eine Reihe von einzigartigen Kunstwerken, die noch heute die einstige Macht des Hauses Habsburg symbolisieren. Untergebracht ist die Schatzkammer heute im Schweizertrakt, dem ältesten Teil der Hofburg. Ursprünglich war der Schatz in der Sakristei der Hofburgkapelle verwahrt, Mitte des 16. Jh. ließ Kaiser Ferdinand I. die Schätze allerdings in ein neues, unweit des Schweizertores gelegenes Schatzgewölbe bringen.

Die Schatzkammer ist in eine »Geistliche« und eine »Weltliche« Schatzkammer unterteilt. Highlight und Kern der Weltlichen Schatzkammer sind Insignien und Schätze des Heiligen Römischen Reiches: Die heilige Lanze, das Reichskreuz, der Reichsapfel und vor allem die 1000 Jahre alte Reichskrone sind in vier Räumen zu sehen. Gerade die Reichskrone ist von besonderer Symbolkraft: Ihre Edelsteine sollen die Tugenden des Herrschers als Statthalter Christi symbolisieren, ihre acht Emailleplatten die Tore des himmlischen Jerusalem.

Doch auch die übrigen Ausstellungsstücke der insgesamt 16 Räume umfassenden Weltlichen Schatzkammer verdienen Aufmerksamkeit. So ließen sich die Habsburger als Ersatz für die Insignien des Heiligen Römischen Reiches, die seit 1424 in Nürnberg aufbewahrt waren, eigene Insignien kreieren: Besonders prunkvoll ist die Hauskrone von Kaiser Rudolf, die von 1598 bis 1602 in der Prager Hofwerkstatt geschaffen wurde und ab 1806 zur Staatskrone des Erbkaiserreichs Österreich wurde. Ein weiteres Kernstück ist der sogenannte Burgunderschatz, der durch die Heirat Maximilians I. mit Maria von Burgund im 16. Jh. nach Wien kam und auch den Schatz des Ordens vom Goldenen Vlies umfasst. Aber auch Kurioses ist zu sehen, in Raum 8 z. B. eine Achatschale, die man einst für den Heiligen Gral hielt, das 243 cm lange »Ainkhürn«, ist nicht das Horn eines Einhorns, sondern der Stoßzahn eines Narwals. In Raum 6 sind Taufmantel, Taufdecke und Taufpolster zu sehen, an deren Stickereien Maria Theresia selbst mitgewirkt haben soll.

In der Geistlichen Schatzkammer, in die man zwischen Raum 8 und 9 der Weltlichen Schatzkammer gelangt, sind nicht nur Gewänder, Monstranzen und liturgisches Gerät zu sehen: Auch einzigartige Reliquien wie Fragmente des heiligen Kreuzes, einer der Nägel, mit denen Jesus gekreuzigt worden sein soll, ein Dorn seiner Krone oder die heilige Lanze lohnen den Besuch.

■ Hofburg, Schweizerhof, Mi–Mo 9–17.30/18 Uhr, 12 €, erm. 9 €, Kinder frei

f Österreichische Nationalbibliothek

| Bibliothek |

10 *Druckwerke und Papyri aus mehr als 3000 Jahren*

Denkt man an die Österreichische Nationalbibliothek, meint man damit vor allem den historischen Prunksaal mit seiner barocken freskengeschmückten Pracht. Aber die Österreichische Nationalbibliothek ist auch eine Institution, in der alle in Österreich publizierten Periodika und Bücher gesammelt und

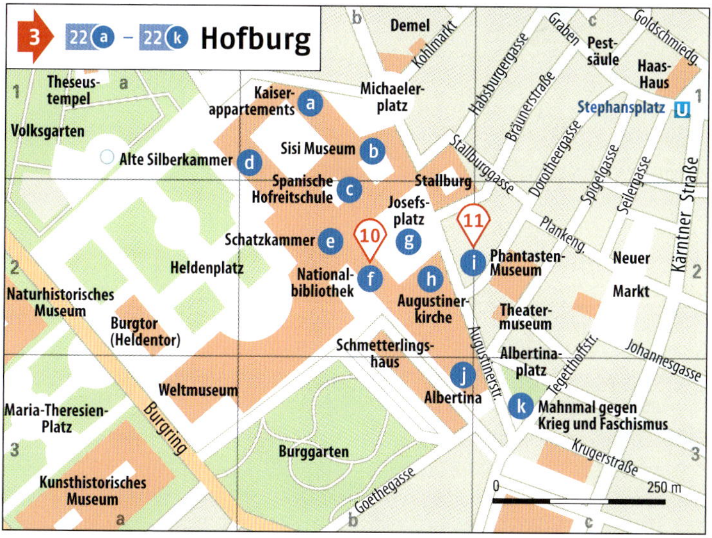

Vor der Albertina erinnert ein Mahnmal an die Opfer von Krieg und Faschismus

zum größten Teil unterirdisch archiviert werden. Insgesamt beherbergt die Nationalbibliothek mehr als elf Millionen Objekte.

Auch die Nationalbibliothek ist ein Musterbeispiel des Hochbarock: Johann Bernhard Fischer von Erlach begann 1723 mit dem Bau, den sein Sohn Joseph Emanuel 1726 vollendete. Besonders wertvolle Schaustücke der umfangreichen »Handschriften-, Autografen- und Nachlass-Sammlung« und der »Sammlung von Inkunabeln, alten und wertvollen Drucken« sind im Augustinerlesesaal ausgestellt. Das ist aber noch nicht alles: Im weltweit einzigen Museum für Globen sind 695 Globen und andere astronomische Instrumente verwahrt, in der Papyrussammlung rund 180 000 Objekte aus 3000 Jahren, auch Tontafeln und beschriebene Holz- und Wachstabletts. Die Musiksammlung umfasst Partituren und Erstdrucke von Werken österreichischer Komponisten wie Anton Bruckner oder Richard Strauss und die Grafiksammlung mehr als 600 000 Druckgrafiken, Aquarelle und Zeichnungen. In der Sammlung für Plansprachen ist u. a. das 1887 von dem polnischen Augenarzt Ludwik Lejzer Zamenhof entworfene Esperanto dokumentiert (das der Sammlung auch den Namen »Esperanto-Museum« eintrug).

■ I., Josefsplatz 1, www.onb.ac.at, Juni–Sept. tgl. 10–18, Do bis 21 Uhr, Okt.–Mai Di–So 10–18, Do bis 21 Uhr, Prunksaal 8 €, Literaturmuseum 7 €, Kombiticket Globen-, Papyrus- und Esperantomuseum 4 €, Kinder frei

g Josefsplatz

| Platzgefüge |

Der Josefsplatz diente ursprünglich als Friedhof der Augustinermönche. Später war er als Teil der Hofburg Festplatz des Hofes, bis Kaiser Joseph II. den Platz 1783 der Öffentlichkeit zugänglich machte. Die Reiterstatue des Habsburgerherrschers ist übrigens der Statue des Marc Aurel am Kapitol in Rom nachempfunden. Geschaffen wurde sie von Franz Anton Zauner 1795–1807.

■ I., Josefsplatz, U1 Stephansplatz, Bus 2A

h Augustinerkirche

| Kirche |

Die Ursprünge der Kirche gehen auf das 14. Jh. zurück, aber erst im Jahre 1634 wurde sie kaiserliche Hofpfarrkirche, in der auch die Trauungen der Habsburger stattfanden. Das Gotteshaus ist neben der Kapuzinergruft eine der bedeutendsten Grablegen der Habsburger: In der Krypta sind in 54 silbernen Urnen die Herzen der Herrscherdynastie bestattet.

■ I., Augustinerstr. 3, Tram 1, 2, D Oper, www.augustinerkirche.augustiner.at, Führungen sonntags nach dem Hochamt

i Phantastenmuseum Wien

| Museum |

11 *Bunte Sammlung von Brauer, Hundertwasser und Co.*

Wohnblumen, exotischen Tieren und bunten Landschaften ist der erste Stock des Palais Palffy gewidmet: Hier sind die Werke der bedeutendsten Vertreter des Wiener Phantastischen Realismus ausgestellt. Fans von Friedensreich Hundertwasser, Ernst Fuchs oder Arik Brauer kommen hier auf ihre Kosten, aber auch internationale Vertreter der Kunstrichtung sind zu sehen.

Gefällt Ihnen das?

Dann sollten Sie auch das von Friedensreich Hundertwasser mitgestaltete **Wohnobjekt** im III. Bezirk und das nahe **Hundertwasser Museum** im Kunst Haus Wien (S. 76) sowie das **Ernst-Fuchs-Museum** in Hütteldorf (S. 111) besuchen.

■ I., Josefsplatz 6, U1 Stephansplatz, Bus 1A, www.palais-palffy.at, das Museum ist nur nach Anmeldung unter 01/512 56 81 zu besichtigen, Preis auf Anfrage

j Albertina

| Museum |

Einst waren hier die Appartements für die Gäste der Hofburg untergebracht, heute beherbergt das ehemalige Palais Erzherzog Albrecht u.a. die größte grafische Sammlung der Welt: Dürers berühmter »Feldhase« ist nur eines von rund einer Million Werken von der Renaissance bis zur Gegenwart, die zum Bestand der Albertina gehören.
Von Monet über Giacometti bis Picasso reicht hingegen die Bandbreite der Sammlung Batliner, die rund hundert Werke des Impressionismus, des Post-Impressionismus und der russischen Avantgarde umfasst und ebenfalls permanent in der Albertina zu sehen ist. Daneben gibt es wechselnde Kunstausstellungen. Eine nähere Betrachtung wert sind auch die 20 Prunkräume mit klassizistischer Ausstattung, in denen einst habsburgische Erzherzöge residierten.

■ I., Albertinaplatz 1, Tram 1, 2, D Oper, Tel. 01/53 48 30, www.albertina.at, tgl. 10–18, Mi, Fr bis 21 Uhr, 16 €, Kinder frei

k Mahnmal gegen Krieg und Faschismus

| Mahnmal |

Der Bildhauer und Maler Alfred Hrdlicka schuf von 1988 bis 1991 diese mehrteilige Plastik aus Stein, Bronze und Marmor vor der Albertina. Sie erinnert an die Opfer des Zweiten Weltkriegs und der nationalsozialistischen Herrschaft in Österreich.

■ I., Augustinerstr. 8, Tram 1, 2, D Kärntner Ring, Oper

Plan S. 51

Parken

Rund um die Hofburg ist das Parken in der Kurzparkzone für max. 2 Std. möglich. Will man länger bleiben, bieten sich die Garage am Hof (Am Hof 1) an, die Wipark-Garage (Freyung) oder die Tiefgarage in der Kärntnerstraße 51.

Restaurants

€€ | **Palmenhaus** An schönen Tagen kann man mit Blick auf den grünen Burggarten speisen, an weniger schönen sitzt man im Inneren des ehemaligen Gewächshauses zwischen exotischen Pflanzen und genießt Kaffee, Wein, Cocktails und mediterran-asiatische Gerichte. ■ I., Burggarten, U2 Museumsquartier, Tel. 01/5331033, www.palmenhaus.at, Mo–Fr 10–24, Sa 9–24, So 9–23 Uhr, Plan S.51 b3

Cafés

Café Bräunerhof Einst war es das Lieblingskaffeehaus des Dichters Thomas Bernhard (eine Vitrine erinnert heute an ihn). Das Bräunerhof serviert hervorragende Mehlspeisen zur Melange. Dazu wird jeden Sonntag Livemusik geboten. ■ I., Stallburggasse 2, U3 Stephansplatz, Tel. 01/512 38 93, Mo–Fr 8–20, Sa 8–18, So 10–18 Uhr, Plan S.51 c2

Events

Kaffeesiederball Einer der traditionsreichsten Bälle der Saison ist der Kaffeesiederball, der alljährlich Mitte Februar in der Hofburg stattfindet. Karten gibt's beim Club der Wiener Kaffeehausbesitzer. ■ Judenplatz 3–4/1, www.kaffeesiederball.at, Achtung: Die 3600 Plätze sind schnell ausverkauft

VieVinum Im Zwei-Jahres-Rhythmus Anfang Juni (2020, 2022) stattfindende österreichische Weinmesse in den Sälen der Hofburg: Alles, was in Österreichs Weinkellern und darüber hinaus Bedeutung hat, ist dabei vertreten. ■ www.vievinum.at, im Eintrittsgeld von 60 € sind alle Kostproben enthalten

23 Stadtpalais Liechtenstein

Biedermeiersammlung in barockem Herrschaftssitz

■ U3 Herrengasse, Bus 2A, 3A, Tram 1, 2, D Rathaus/Burgtheater
■ I., Bankgasse 9/Minoritenplatz 4, Tel. 01/3195767O, www.liechtensteinmuseum.at, das Palais und die Biedermeiersammlung sind im Rahmen von Führungen mit Voranmeldung zu besichtigen, Tickets für die Führungen online

Das Stadtpalais Liechtenstein gilt als eines der bedeutendsten hochbarocken Bauwerke in Wien, allerdings in diesem Fall nicht aus der Planung der allgegenwärtigen Baumeisterfamilie Fischer von Erlach: Fürst Johann Adam I. von Liechtenstein engagierte stattdessen die italienischen Baumeister Gabriel de Gabrieli und Domenico Martinelli, die bis 1705 am Palais arbeiteten. Das Barockportal stammt von Martinelli, die Skulpturen an den Portalen, an der Attika und in den Innenräumen von Giovanni Giuliani. Für den Stuck zeichnete Santino Bussi verantwortlich. Im Inneren ist heute die Biedermeiersammlung des Hauses Liechtenstein untergebracht, u.a. mit einigen der bedeutendsten Werken von Ferdinand Georg Waldmüller.

Das fürstliche Speisezimmer im Palais Liechtenstein ist noch original ausgestattet

24 Palais Ferstel

Ehemaliges Börsengebäude mit berühmtem Café

■ U2 Schottentor, U3, Bus 1A, 2A Herrengasse
■ I., Herrengasse 14/Freyung 2, www.ferstel.at

Das Palais Ferstel wurde im 19. Jh. als Bank- und Börsengebäude im venezianisch-florentinischen Trecento-Stil erbaut, um es wie einen italienischen Palazzo wirken zu lassen. Nach einer Renovierung in den 1970er-Jahren glänzt das Gebäude wieder in alter Pracht, und auch das legendäre Café Central – das seit 1876 hier untergebracht war – wurde neu eröffnet.

Cafés

Café Central Am Standort des historischen Künstlercafés, das der Künstler Peter Altenberg sogar als Postadresse angab, wiedererrichtet. Altenberg sitzt hier als Statue immer noch inmitten der Gäste. ■ I., Herrengasse/Strauchgasse (im Palais Ferstel), U3 Herrengasse, Tel. 01/533 37 63/24, www.cafecentral.wien, Mo–Sa 7.30–22, So 10–22 Uhr

25 Schottenkirche und -stift

Die älteste Marienstatue Wiens entstand um 1250

■ U2, Tram 1, D Schottentor
■ I., Freyung 6, Tel. 01/534 98, www.schotten.wien, Stiftsführungen Sa 14.30 Uhr, 12 € (mit Führung), erm. 2 €

Eines der ältesten Klöster Wiens wurde von den Schotten – Mönchen aus dem Neu-Schottland genannten Irland, die nach Wien berufen wurden – gegründet. Die Kirche wurde um 1200 geweiht, Teile des ursprünglich romanischen Baus sind in der sogenannten Finsteren Sakristei und der Romanischen

Kapelle zu sehen. In Letzterer befindet sich auch die um 1250 entstandene Marienstatue »Unsere Liebe Frau zu den Schotten«, die älteste Mariendarstellung Wiens. Auch die Gemäldesammlung des Stifts ist einen Besuch wert: Auf einem spätgotischen Flügelaltar aus dem späten 15. Jh. ist eine der ältesten Ansichten des spätmittelalterlichen Wiens zu sehen.

26 Pasqualatihaus

Beethovens Wohnsitz in der Innenstadt ist heute ein Museum

■ U2, Bus 1A, Tram 1, D Schottentor
■ I., Mölker Bastei 8, Tel. 01/535 89 05, www.wienmuseum.at, Di–So 10–13, 14–18 Uhr, 5 €, Kinder frei

In der ehemaligen Wohnung Ludwig van Beethovens befindet sich heute ein Museum über das Leben des Komponisten, vor allem seine Zeit in Wien: In diesem Haus wohnte Beethoven zwischen 1804 und 1815 mehrmals und hier entstanden auch einige seiner bedeutendsten Werke: Die 4., 5., 7. und 8. Symphonie, die Oper »Fidelio« und das Klavierwerk »Für Elise«.

Gefällt Ihnen das?

Beethoven-Fans sollten auch das **Beethoven Museum** (S. 116) in Heiligenstadt besuchen, in dem der Komponist sein »Heiligenstädter Testament« verfasste.

Einkaufen

Ludwig Reiter Rahmengenähte Schuhe werden seit 1885 von der Familie Reiter produziert. Die Kollektion umfasst auch Stiefel und Modelle für Damen, aber vor allem sind es die klassischen Herrenschuhe, für die die Manufaktur berühmt ist. Wochenlange Wartezeiten sollte man für einen Maßschuh einplanen. ■ I., Mölker Steig 1, U 3 Herrengasse, www.ludwig-reiter.com

27 Burgtheater

Eine der berühmtesten Theaterbühnen der Welt

■ U2, Tram 1, D Schottentor, U3 Herrengasse
■ I., Universitätsring 2, Tel. 01/514 44 41 40 (Info), www.burgtheater.at, Sommerpause 1. Juli–31. Aug.

Das Burgtheater ist von außen einem Bau der italienischen Hochrenaissance nachempfunden und innen neobarock. Das hat der Ringstraßenbau dem Zusammenspiel der beiden Architekten zu verdanken: außen Gottfried Semper – der damit an seine Dresdner Oper anschloss – und innen Carl Hasenauer. Das wichtigste und budgetär bestbestellte Sprechtheater des deutschen Sprachraums ist bis heute eine Institution: Zum Burgschauspieler erkoren zu werden gilt als die Krönung einer Schauspielerkarriere. Zu dem passt auch das hochklassige Programm mit sehr vielen Auftragsarbeiten und in der Vergangenheit sehr oft mit kontroversen Inszenierungen, die nicht selten zu einem »Skandal« im doch recht kleinbürgerlichen Österreich hochstilisiert wurden.
Das »neue« Burgtheater ersetzte einen Vorgängerbau, der sich seit 1748 am Michaelerplatz befand, und wurde im Oktober 1888 als Teil der neuen Ringstraße eröffnet.

Den Mittelteil der vorgewölbten Fassade schmücken eine Statue von Apollon zwischen den Musen für Drama und Tragödie, ein 18 m langes Basrelief des »Bacchantenzuges« und Porträtbüsten berühmter Theaterdichter.

Beeindruckend auch das Innere: So schuf Gustav Klimt gemeinsam mit seinem Bruder Ernst und Franz Matsch zwischen 1886 und 1888 die Deckengemälde in den beiden Stiegenaufgängen; auf der Feststiege die Künstler des antiken Theaters in Taormina auf Sizilien, auf der Kaiserstiege eine Szene aus William Shakespeares »Romeo und Julia« am Londoner Globe Theatre.

Restaurants

€€€ | Vestibül Küchenchef Christian Domschitz hat sich mit seinem stilvollen Restaurant im Seitentrakt des Burgtheaters niedergelassen. Nicht nur gehobene Küche dominiert die Karte: Mittwochmittag gibt's den besten Schweinebraten Wiens, und auch das »Hummerkrautfleisch« ist legendär. ■ I., Universitätsring 2, U3 Herrengasse, Tel. 01/532 49 99, www.vestibuel.at, Di–Fr 12–14 und ab 18, Sa ab 18 Uhr

Cafés

Landtmann Journalisten und Politiker treffen sich gerne hier bei intimen Pressekonferenzen. Das Landtmann ist aber auch ein Hort österreichischer Kaffeehauskultur – inklusive einer breiten Auswahl an Mehlspeisen und Tageszeitungen. Im Sommer sitzt man auf der Terrasse an der Ringstraße. ■ I., Universitätsring 4, U2 Schottentor, U3 Herrengasse, Tel. 01/241 00, www.landtmann.at, tgl. 7.30–24 Uhr

»Die Burg« ist für Schauspieler und Besucher gleichermaßen ein Sehnsuchtsort

28 Rathaus

Neogotischer Bürgermeistersitz, vom Rathausmann gekrönt

■ U2, Tram 1, 2, D Rathaus
■ I., Rathausplatz 1, Tel. 01/525 50, www.wien.gv.at/verwaltung/rathaus, Führungen (außer an Sitzungs- und Feiertagen) Mo, Mi, Fr 13 Uhr (Audioguide gratis gegen Hinterlegung eines Ausweises)

Das Wiener Rathaus bildet mit Stephansdom und Votivkirche das Triumvirat der gotischen bzw. neogotischen Monumentalbauten Wiens.

ADAC Mittendrin

Zwischen Mitte und Ende November hält die Weihnachtszeit auf den schönsten Plätzen Wiens Einzug: Dann duften Glühwein, Punsch und Bratäpfel, und man kann mehr oder weniger handwerklich erzeugten Weihnachtsschmuck, Kekse oder auch Hochprozentiges erwerben. **Christkindlmärkte** findet man in der ganzen Stadt: »Wiener Weihnachtstraum« nennt sich der am Rathausplatz, im Alten AKH ist ein »Weihnachtsdorf« zu finden, und am »Altwiener Christkindlmarkt« auf der Freyung wird Tradition großgeschrieben: Seine Geschichte reicht bis 1772 zurück. Highlights sind natürlich auch der Weihnachtsmarkt vor dem Schloss Schönbrunn, das Weihnachtsdorf beim Schloss Belvedere und der Klassiker im Herzen der Stadt, der große Weihnachtsmarkt am Stephansplatz. Der Eintritt ist überall frei.

Das Rathaus entstand zwischen 1872 und 1883 nach Entwürfen des Architekten Friedrich von Schmid an der Ringstraße und sollte das mittelalterliche Alte Rathaus im Zentrum Wiens ersetzen. Seitdem haben hier der Wiener Bürgermeister (der gleichzeitig der Landeshauptmann des Bundeslandes Wien ist) und der Wiener Gemeinderat ihren Sitz. Im Rahmen einer Führung sollte man im Grünen Saal die beiden aus dem Alten Rathaus stammenden Deckengemälde von Johann Michael Rottmayr bewundern. Im Roten Salon ist die Bürgermeistergalerie einen Blick wert.

Das Rathaus besitzt sieben Innenhöfe, von denen der zentrale Arkadenhof der bedeutendste ist. Im Dezember ist das Rathaus Kulisse eines der schönsten Christkindlmärkte der Stadt.

Cafés

Conditorei Sluka Der ehemalige Hoflieferant setzt hier und in der Kärntner Straße auf Mehlspeisen aus besten Zutaten. Ein Gedicht: die Sluka-Torte aus Biskuit, Schokolade, Orangen und Cointreau. ■ I., Rathausplatz 8, U2 Rathaus, Tel. 01/405 71 72, www.sluka.at, Mo–Fr 8–19, Sa 8–17.30 Uhr

29 Parlament

Unter antiken Säulen tagt der österreichische Nationalrat

■ U2, U3, Bus 2A, 48A, Tram 1, 2, D, 46, 49 Volkstheater
■ I., Dr.-Karl-Renner-Ring 3, Tel. 01/401 10 24 00, www.parlament.gv.at, Führungen tel. anmelden; die kostenlosen Tickets zeitgerecht beim Haupteingang am Josefsplatz lösen

Das Rathaus zählt zu den neogotischen Monumentalbauten Wiens

Erbaut wurde das ehemalige k.u.k. Reichstagsgebäude der Donaumonarchie mit der Fassade eines griechischen Tempels unter der Leitung des dänisch-österreichischen Architekten Theophil Hansen in den Jahren 1873 bis 1883. Hansen, der acht Jahre lang in Athen lebte und dort u. a. die Sternwarte baute, war unübersehbar von der griechischen Antike fasziniert. Er schuf auch den 1902 eingeweihten Pallas-Athene-Brunnen vor dem Haupteingang, der neben einer Figurengruppe Allegorien der Flüsse Elbe und Moldau, Donau und Inn sowie von Exekutive und Legislative zeigt. Abgeordnete und Herrenhausmitglieder tagten ab 1883 hier, das Parlament der Republik Österreich, bestehend aus National- und Bundesrat, setzt diese Tradition seit 1918 fort.

Während der Sanierung des Parlamentsgebäudes zwischen 2017 und 2020 nutzt der Nationalrat die Redoutensäle der Wiener Hofburg als Ausweichquartier.

30 Naturhistorisches Museum

Umfassende Einblicke in die Geschichte unseres Planeten

■ U2, U3, Bus 48A, Tram 1, 2, 46, 49, 71, D Volkstheater, U2 Museumsquartier

■ I., Burgring 7 (Besuchereingang Maria-Theresien-Platz), Tel. 01/52177, www.nhm-wien.ac.at, Do–Mo 9–18.30, Mi 9–21 Uhr, 12 €, Kinder frei

Mit rund 30 Millionen Sammlungsobjekten ist das Naturhistorische Museum eines der bedeutendsten Natur-

ADAC Wussten Sie schon?

... dass der **Rathausturm** nicht höher gebaut werden sollte als die Türme der Votivkirche? Um diese dennoch zu übertrumpfen, wurde auf die Turmspitze des Rathauses der Rathausmann gesetzt.

kundemuseen der Welt, das auf den kaiserlichen Sammlungen der habsburgischen Hof-Naturalienkabinette basiert. Es unterscheidet sich architektonisch von seinem Schwesterbau, dem Kunsthistorischen Museum, nur in Details: Die allegorischen Figuren auf der Attika stellen zum Beispiel die Erdkräfte und die Erdteile dar, im Kunsthistorischen Museum sind es Künstler und allegorische Figuren der Künste. Zwischen den beiden Gebäuden wacht übrigens mit strengem Blick seit 1888 in zentraler Position das monumentale Denkmal von Kaiserin Maria Theresia, geschaffen von Caspar Zumbusch.

Für die Architektur des Naturhistorischen und des Kunsthistorischen Museum gilt: Sie wurden im Stile der italienischen Hochrenaissance von Gottfried Semper (außen) und Carl Hasenauer (für den Innenbereich verantwortlich) zwischen 1872 und 1889 erbaut. Beide Museen sollten mit der Hofburg auf der anderen Seite der Ringstraße Teil des Kaiserforums werden, was Geldmangel und das Ende der Monarchie vereitelten.

Das Museum besitzt einzigartige Exponate, etwa die 29 500 Jahre alten Fruchtbarkeitsstatue der »Venus von Willendorf«, die sogar 32 000 Jahre alte Statuette der »Fanny vom Galgenberg« oder die Überreste der vor mehr als 200 Jahren ausgestorbenen Stellerschen Seekuh. In der Zoologischen Sammlung sind einzigartige gläserne Medusen und Polypen zu sehen, und in der mineralisch-petrografischen Sammlung ist der kostbare Edelsteinstrauß ausgestellt, den Maria Theresia ihrem Gemahl Franz I. schenkte. Die

Der Dinosauriersaal im Naturhistorischen Museum fasziniert nicht nur Kinder

weltweit größte Meteoritensammlung gehört ebenso zum Museum. Ständig werden aber auch neue Forschungsergebnisse und Entdeckungen in das Museum integriert: Zum Beispiel entführt das »Digitale Planetarium« die Besucher virtuell zu den Saturnringen, und in der anthropologischen Sammlung kann man anhand eines menschlichen Skeletts à la »CSI« Alter, Geschlecht und Todesursache ermitteln.

Kinder

Eine Nacht im Museum In den Fußstapfen Ben Stillers kann man im Naturhistorischen Museum wandeln: Zu bestimmten Terminen wird für Kinder von 7 bis 11 Jahren (plus einer erwachsenen Begleitperson) eine Abenteuernacht organisiert. Ein Film im »Digitalen Planetarium« gehört ebenso dazu wie eine Taschenlampenführung und der Dinosauriersaal als Schlafzimmer. Nach dem Aufwachen gibt's dann noch ein kleines Frühstück. ■ I., Burgring 7 (Besuchereingang Maria-Theresien-Platz), Tel. 01/52177335, www.nhm-wien.ac.at, Termine lt. Website, Anmeldung erforderlich

31 Kunsthistorisches Museum

Höhepunkte der Kunst – vom alten Ägypten bis zu Rembrandt

■ U2, U3, Bus 48A, Tram 1, 2, 46, 49, 71, D Volkstheater

■ I., Burgring 5, Tel. 01/5252440, www.khm.at, Juni–Aug. tgl. 9–18, Do bis 21, Sept.–Mai Di–So 10–18, Do 10–21 Uhr, 16 €, erm. 12 €, Kinder frei

Wie sein naturhistorisches Schwestermuseum zählt auch das Kunsthistorische Museum zu den größten und bedeutendsten Museen der Welt: Rund 1,4 Millionen Menschen besuchen den 1891 errichteten klassizistischen Bau im Jahr.

Kaiser Joseph II. und sein Bruder in der Galerie des Kunsthistorischen Museums

Viele kommen natürlich wegen der einzigartigen Gemäldesammlung im ersten Stock: Die perfekte Einstimmung darauf findet man bereits im Stiegenaufgang mit den Statuen brüllender Löwen und vor allem Antonio Canovas eleganter Bildhauerarbeit des Theseus, der den Zentauren besiegt (von 1805). Die Ausschmückungen der Wände des Stiegenaufgangs stammen von Hans Makart (kleine Lünetten) und den Gebrüdern Klimt (Darstellungen römischer und griechischer Frauen).

Dann beginnt der Streifzug durch die europäische Malerei seit dem Mittelalter: Von der deutschen Gotik mit einigen der bedeutendsten Werke von Albrecht Dürer und Lucas Cranach d. Ä. geht die Kunstreise zu einigen der schönsten Werke der flämischen Malerei: Einer der frühen Höhepunkte ist sicher der »Turmbau zu Babel« (1563) aus der umfangreichen Sammlung von Pieter Bruegel d. Ä. Auch Anthonis van Dyck ist umfassend vertreten, ebenso wie Peter Paul Rubens mit dem monumentalen »Wunder des hl. Franz Xaver« (1617). Weitere Höhepunkte sind die venezianische Malerei des 16. Jh. (unter anderem mit Tizians »Ecce Homo« und Werken von Tintoretto und Veronese) sowie Meisterwerke von Rembrandt, Caravaggio oder Velázquez – erwähnt sei nur Velázquez' berühmte »Infantin Margarita Teresa«.

Aber die Malerei ist natürlich nicht alles, was das Kunsthistorische Museum zu bieten hat: Seine Ägyptisch-Orientalische Sammlung zählt ebenfalls zu den bedeutendsten ihrer Art weltweit. Die mehr als 17 000 Objekte stammen aus einem Zeitraum von fast 4500 Jahren. Höhepunkte sind die reich dekorierte Kultkammer des Ka-ni-nisut aus dem Alten Reich, zahlreiche Sarkophage, Menschen- und Tiermumien, Totenbücher, Grabstelen und Götterfiguren.

In der Orientalischen Sammlung ist eine Löwendarstellung vom Ischtartor aus Babylon sehenswert.

Ein Raum ist den griechischen und römischen Antiken gewidmet. Und nicht zuletzt beherbergt das Museum auch die Kunstkammer der Habsburger: Zu ihren Hauptwerken gehören das berühmte Salzfass von Benvenuto Cellini und der Dürer-Pokal.

32 MuseumsQuartier

4 *Schiele und Konzeptkunst in den alten Hofstallungen*

■ U2 Museumsquartier, Bus 2A, 48A, Tram 1, 2, D, 49 Volkstheater

■ VII., Museumsplatz 1, Tel. 01/523 58 81, www.mqw.at, Öffnungszeiten und Eintrittspreise siehe Homepage

In den ehemaligen Hofstallungen verband das Architektenteam Laurids & Manfred Ortner und Martin Wehdorn in den 1980er-Jahren Barock mit Moderne. Untergebracht sind im MuseumsQuartier seitdem einige der bedeutendsten Kunstsammlungen Österreichs: das

Leopold Museum und das Museum Moderner Kunst Stiftung Ludwig mit seiner grandiosen Sammlung internationaler sowie österreichischer Kunst aus dem 20. Jh.

Außerdem sind hier die Kunsthalle Wien mit Wechselausstellungen, das Architektur Zentrum Wien und das ZoomKindermuseum, ebenso wie die Wiener Festwochen und das Tanzfestival ImPulsTanz beheimatet.

Sehenswert

Architektur Zentrum Wien

| Ausstellung |

Die ganze Vielfalt zeitgenössischer Architektur mit Schwerpunkt Österreich und Wien steht im Mittelpunkt der wechselnden Ausstellungen.

■ VII., Museumsplatz 1, U2 Museumsquartier, Tel. 01/5223115, www.azw.at, tgl. 10–19 Uhr, 9 €, Kinder bis 6 J. frei

Kunsthalle Wien

| Ausstellung |

An zwei Standorten – im MuseumsQuartier und am Karlsplatz – kümmert sich die Kunsthalle um avantgardistische Kunstrichtungen und Nischen, oft in Kombination mit Events und Konzerten.

■ VII., Museumsplatz 1, U2 Museumsquartier, Tel. 01/521890, www.kunsthallewien.at, Di–So 11–19, Do 11–21 Uhr, 8 €, Kinder frei

Die alten Hofstallungen beherbergen das moderne MuseumsQuartier

Leopold Museum

| Kunstmuseum |

Einige der bedeutendsten Werke von Egon Schiele, Gustav Klimt und Oskar Kokoschka sind hier zu finden, dazu Meisterwerke des Secessionismus, der Wiener Moderne und des Expressionismus. Die mehr als 5000 Exponate entstammen der Sammlung von Rudolf und Elisabeth Leopold.

■ VII., Museumsplatz 1, U2 Museumsquartier, Tel. 01/52 57 00 www.leopold museum.org, Mi, Fr–Mo 10–18, Do 10–21 Uhr, Juni–Aug. tgl. 14 €

mumok – Museum moderner Kunst Stiftung Ludwig Wien

| Kunstmuseum |

Der mit Basaltlava ummantelte Bau ist das Herz des MuseumsQuartiers. Die Sammlung umfasst heute rund 10 000 Werke moderner Kunst – von Pop Art bis Transavantgarde.

■ VII., Museumsplatz 1, U2 Museumsquartier, Tel. 01/525 00, www.mumok.at, Mo 14–19, Di–So 10–19, Do 10–21 Uhr, 12 €

Restaurants

€ | **Glacis Beisl** Gleich direkt hinter dem MuseumsQuartier werden in diesem traditionell bei Museumsbesuchern beliebten Beisl Spezialitäten der altösterreichischen Tradition wie gebratene Blunzn auf Sauerkraut, Krautfleckerl oder Somlauer Nockerln serviert.

■ VII., Breite Gasse 4, U 2 Museumsquartier, Tel. 01/526 56 60, www.glacisbeisl.at, tgl. 11–2 Uhr

Kinder

Dschungel Wien – Theaterhaus für junges Publikum Das Programm beinhaltet ein breites Spektrum von Bühnenwerken für Kinder und Jugendliche vom Schauspiel über Erzähltheater, Musik-, Objekt- und Figurentheater bis hin zum Tanztheater. Einige Produktionen sind bereits für Kleinkinder ab sechs Monaten geeignet.

■ VII., Museumsplatz 1 (im MuseumsQuartier), U2 Museumsquartier, Tel. 01/

Zum mumok gehört auch ein Shop für Liebhaber moderner Kunst

522 07 20 20, www.dschungelwien.at, Tageskasse Mo–Fr 16–18 Uhr, ab 10 € (im Vorverkauf)

ZOOM Kindermuseum In vier verschiedenen Bereichen (Ausstellung, Ozean, Atelier und Trickfilmstudio) können Kinder bis 14 Jahren die Welt spielerisch erfassen lernen und sich kreativ betätigen. Natürlich unterstützt von bestens für verschiedene Altersklassen geschulten Pädagogen. ■ VII., Museumsplatz 1 (im MuseumsQuartier), U2 Museumsquartier, Tel. 01/ 524 79 08, www.kindermuseum.at, Kasse ■ Di–Fr 8.30–16, Sa, So 9.45–16 Uhr, Achtung: Alle Programme haben fixe Anfangszeiten, ZOOM Atelier und Trickfilmstudio: Kinder 6 €, pro Kind ein Erwachsener frei; ZOOM Ozean: Kinder 4 €, pro Kind ein Erwachsener frei; ZOOM Ausstellung: 5 €, Kinder frei

33 Wiener Staatsoper

In prachtvollem Rahmen singen Weltstars Puccini, Verdi und Mozart

■ U1, U2, U4 Karlsplatz, Bus 3A, 59A, Tram 1, 2, D Staatsoper
■ I., Opernring 2, Tel. 01/514 44-22 50, Info Kassenhalle der Bundestheater Tel. 01/514 44-78 80, www.wiener-staats oper.at, Kasse Mo–Fr 8–18, Sa, So 9–12 Uhr, 40-minütige Führungen Tel. 01/ 514 44 26 06, Mo–So, Zeiten auf Anfrage, 9 €, erm. 7 €

Eines der größten Opernhäuser Europas und »die« österreichische Opernbühne schlechthin. Das Orchester bilden die Wiener Philharmoniker, und auch das hauseigene Staatsopernballett ist Teil der Kulturinstitution. Neben den eigenen Ensemblemitgliedern sind internationale Stars wie Anna Netrebko, Rolando Villazón oder Ricardo Muti auf der Bühne und am Dirigentenpult zu erleben. Puccini und Verdi stehen ebenso auf dem Programm wie Mozart oder Richard Strauss. Erbaut wurde das Gebäude im Stil des romantischen Historismus zwischen 1861 und 1869 nach Plänen von Eduard van der Nüll und August Sicard von Sicardsburg. Damit war es der erste fertiggestellte Monumentalbau der Ringstraße, dessen Eröffnung am 25. Mai 1869 mit dem »Don Giovanni« von Mozart stattfand. Sie wurde vom Freitod Eduard van der Nülls überschattet: Der Bau wurde vielfach kritisiert, selbst Kaiser Franz Joseph soll sich abschätzig über die Architektur geäußert haben, was van der Nüll nicht verwinden konnte.

ADAC Mobil

Umfasste das **Radverkehrsnetz** in Wien Anfang der 1990er-Jahre 190 km, so zählt es heute bereits 1346 km. Besonders stimmungsvoll ist es, auf dem Sightseeing-Radweg »Ringstraße« rund um die Altstadt zu strampeln. Citybikes kann man an mehr als hundert Stationen entleihen. Mehr zum Thema Radfahren in Wien im Internet: *www.fahrradwien.at*

Cafés

Café Oper Im prachtvollen Gebäude der Wiener Staatsoper werden unter klassizistischen Bögen Kaffeespezialitäten und Mehlspeisen serviert. Günstiger Tagesteller. ■ I., Opernring 2, U3 Karlsplatz, Tel. 01/513 39 57, www.cafe operwien.at, Mo–Sa 8.30–23, So 9.30–23 Uhr

K.u.K. Hofzuckerbäckerei Gerstner Im historischen Palais Todesco kreiert der k.u.k. Hofzuckerbäcker Gerstner köstliche Pralinés und Tortenkunstwerke. An der Bar im ersten Stock gibt's dazu frisch gebrühten Kaffee mit Blick auf das Opernhaus. ■ I., Kärntnerstr. 51, U1, U2, U4 Karlsplatz, Bus 3A, 4A Staatsoper, Tel. 01/5261361, www.gerstner-konditorei.at, tgl. 10–23 Uhr

Events

Opernball Das Highlight der Ballsaison im Februar: Die Wiener Philharmoniker spielen auf, im Parkett tanzt Österreichs Prominenz Walzer, und vor dem Opernhaus wird wie in jedem Jahr zu diesem Anlass gegen die Regierung protestiert. ■ www.wiener-staatsoper.at

34 Akademie der bildenden Künste

Eine versteckte Kunstsammlung von Weltformat

■ U1, U2, U4, Tram 1, 2, D Karlsplatz, U2 Museumsquartier
■ I., Schillerplatz 3, Tel. 01/5881681 01, www.akbild.ac.at, Gemäldegalerie Mi–Mo 10–18 Uhr, 12 €, Kinder frei

Eine der ältesten Kunstakademien Europas, 1692 als Privatakademie des Hofkammermalers Peter Strudel gegründet, ist heute Universität. Die Pläne für das Gebäude stammen wie bei vielen Ringstraßenbauten von Theophil Hansen, die Fertigstellung erfolgte im Jahre 1877. Sehenswert sind das Kupferstichkabinett mit seinen rund 60000 Exponaten und vor allem die Gemäldegalerie mit rund 250 Werken von italienischer Tafelmalerei des späten Mittelalters bis zu den Werken von Akademiekünstlern des 19. Jh. Zahlreiche Höhepunkte sind darunter – etwa das Weltgerichtstriptychon von Hieronymus Bosch, Rubens' »Beschneidung Christi« oder Botticellis »Madonna mit Kind und zwei Engeln«.

Sehenswert

Anatomischer Saal
| Sammlung |
Der anatomische Saal im Keller der Akademie ist seit dem 19. Jh. beinahe unverändert erhalten geblieben – einschließlich eines marmornem Seziertischs mit Ablaufrinnen für diverse Körperflüssigkeiten.

35 Wiener Secession und Künstlerhaus

Klimts »Beethovenfries« ist unbedingt einen Besuch wert

■ U1, U2, U4 Karlsplatz
■ I., Friedrichstr. 12, Tel. 01/5875307, www.secession.at, Di–So 10–18 Uhr, 9,50 €, Kinder unter 10 J. frei

Im April 1897 riefen Gustav Klimt, Koloman Moser, Josef Hoffmann, Carl Moll und andere Künstler die Wiener Secession als Alternative zum konservativen Wiener Künstlerhaus ins Leben, daher auch der Name Secession (Abspaltung). Die erste Ausstellung fand 1898 statt.
Das gleichnamige Ausstellungshaus in der Friedrichstraße wurde im selben Jahr nach Entwürfen von Joseph Maria Olbrich erbaut und erhielt wegen seiner goldfarbenen Kuppel (einem Blätterwerk aus vergoldetem Schmiedeeisen, das auf die Karlskirche Bezug

Im Blickpunkt

Klimt und die Secession

Gustav Klimt wurde 1862 in Baumgarten bei Wien als Sohn eines Graveurs geboren und studierte an der Kunstgewerbeschule in Wien. Im Jahre 1887 war er maßgeblich an der Gründung der dem Jugendstil verpflichteten Wiener Secession beteiligt; neben Klimt waren der Maler Koloman Moser und der Architekt Joseph Maria Olbrich bekannte Mitglieder dieser Künstlervereinigung. Auch das Kunsthandwerk war Teil der Secessionsbewegung: Die auf Möbel und Design spezialisierte Wiener Werkstätte wurde 1903 durch den Architekten Josef Hoffmann gegründet.

Klimt war aber schon lange vorher als Maler geschätzt: So schuf er zwischen 1886 und 1888 mit seinem Bruder Ernst und Franz Matsch die Deckengemälde in seitlichen Stiegenhäusern des Burgtheaters und war auch an der Innenausstattung des Kunsthistorischen Museums beteiligt. Aber erst um die Jahrhundertwende entwickelte Klimt den für ihn typischen Stil, indem er Elemente der französischen Malerei mit deutschem Jugendstil verband.

Klimt leitete von 1897 bis 1905 auch als Präsident die Wiener Secession. In dieser Zeit kreierte er für den linken Flügel des Secessionsgebäudes den »Beethovenfries«. Die monumentale Bildhauerarbeit gilt als Hauptwerk Klimts: Sie interpretiert die 9. Symphonie von Beethoven auf 34 m Länge. Bekannter sind allerdings bis heute die Gemälde Klimts – viele davon heute in Wiener Museen ausgestellt –, allen voran »Der Kuss« von 1907. Das Werk ist beispielhaft für die einzigartige ornamentale Stilistik Klimts. Gustav Klimt starb am 18. Februar 1918 in Wien.

Die Ringstraße ersetzte im 19. Jh. die alte Stadtmauer

nimmt) bald im Volksmund den Spitznamen »Goldenes Krauthappel« (goldener Krautkopf). Heute finden hier vor allem Ausstellungen zeitgenössischer Kunst statt. In einem Raum im Secessionsgebäude ist der »Beethovenfries« von Gustav Klimt zu sehen: Der Künstler gestaltete ihn für die XIV. Ausstellung der Vereinigung Bildender Künstler Österreichs Secession 1902. Der 34 m lange Fries zählt bis heute zu den Hauptwerken Klimts.

Sehenswert

Künstlerhaus

| Ausstellung |

Das Ausstellungshaus für Malerei, Bildhauerei, Architektur und angewandte Kunst wurde im klassischen Ringstraßenstil errichtet. Eigentümer ist die Gesellschaft bildender Künstler Österreichs, die älteste bestehende Künstlervereinigung des Landes. Die Ausstellungen zeigen zeitgenössische Arbeiten österreichischer und internationaler Künstler.

■ I., Karlsplatz, U1, U2, U4 Karlsplatz, Tel. 01/587 96 63, www.k-haus.at, Di–Fr 14–18, Mi 14–21, Sa 11–18 Uhr, Eintritt frei

36 Musikverein

Klangvolle Heimat der renommierten Wiener Philharmoniker

■ U1, U2, U4 Karlsplatz

■ I., Bösendorferstr. 12, Tel. 01/505 81 90, www.musikverein.at, Kasse Juli, Aug. Mo–Fr 9–12, Sept.–Juni Mo–Fr 9–20, Sa 9–13 Uhr, Ticketpreise richten sich nach Veranstaltung

Der Große Musikvereinssaal gilt als einer der schönsten und akustisch besten Säle der Welt: gerade richtig für Österreichs Paradeorchester, die Wiener Philharmoniker, die hier ihre Heimat haben und regelmäßig auftreten.

37 Ringstraße

Spazierengehen und Radfahren auf Wiens grüner Prachtallee

■ Tram 1, 2, 71, D Hofburg, Burgtheater, Rathaus, Staatsoper
■ I., Ringstraße

Die einstige Stadtmauer, die seit dem 13. Jh. den Türken getrotzt hatte, war Mitte des 19. Jh. nicht mehr zeitgemäß für eine europäische Großstadt wie Wien. 1857 ordnete Kaiser Franz Joseph I. die Schleifung der Mauer und den Bau eines Prachtboulevards an. Das sollte nicht nur die Macht des Kaiserhauses symbolisieren, sondern auch die gerade eingemeindeten Vorstädte ans Zentrum anbinden. Bis 1865 wurde nach dem Plan des Architekten C. F. L. Förster eine 4 km lange und 57 m breite Straße angelegt: die Ringstraße. Aber sie war nur ein Teil des Plans: Zahlreiche Monumentalbauten sollten den Ring zum Zentrum der Donaumonarchie machen und wurden in den folgenden 30 Jahren in Auftrag gegeben: So entstanden u.a. der Reichstag (das heutige Parlament), das Kunst- und Naturhistorische Museum, das Rathaus, die Staatsoper und das Burgtheater. Obwohl von unterschiedlichen Baumeistern gestaltet, wurde der »Ringstraßenstil« bald zum Synonym für eine dem Historismus verpflichtete Architektur, in dem sich antike und klassizistische Elemente mit gotischen, barocken und Renaissanceeinflüssen verbanden.
1879 nutzte der Maler Hans Makart diese aufblühende Stilvielfalt als Kulisse für den Huldigungsfestzug zu Ehren der Silberhochzeit von Kaiser Franz Joseph und Kaiserin Elisabeth: 10 000 Mitwirkende, im Stile verschiedenster Epochen der Welt- und der österreichischen Geschichte gekleidet, erfüllten zum ersten Mal die gesamte Straße mit buntem Leben. Ein ähnliches Spektakel kann man heute noch jedes Jahr zur Regenbogenparade erleben. Ruhiger geht es auf dem Prachtboulevard den Rest des Jahres zu, wenn man eine Fahrt mit der Vienna Ring Tram oder mit dem Fahrrad unternimmt.

Events

Regenbogenparade Jedes Jahr Mitte Juni machen mehr als 100 000 Tänzer und Schaulustige die Ringstraße zur großen Bühne.
■ www.viennapride.at

ADAC Mobil

Die **Vienna Ring Tram** fährt im 30-Minuten-Intervall vom Schwedenplatz eine Runde um den Ring. Die Tickets kann man direkt in der Tram kaufen, die Ein- und Ausstiegsstelle ist beim Schwedenplatz. Täglich fährt die Tram zwischen 10 und 17.30 Uhr zu jeder halben und vollen Stunde. Über die Sehenswürdigkeiten entlang der Tour informiert ein Audio-Guide. Wenn Sie es sich zutrauen, können Sie als Sprache auch Wiener Mundart wählen: Der Schauspieler Karl Merkatz – bekannt als »Mundl« Sackbauer aus der legendären österreichischen TV-Serie »Ein echter Wiener geht nicht unter« – spricht die Texte im Dialekt.
www.wienerlinien.at, 10 €, erm. 5 €

Am Abend

Rund um die Hofburg werden Nachtschwärmer kaum fündig: Die Szene konzentriert sich mehr auf das »Bermuda-Dreieck« oder die Partymeilen am Gürtel oder im VII. und VIII. Bezirk. Dennoch: Gerade rund um das MuseumsQuartier wird einiges geboten, Beisln und Bars sind hier ebenso zu finden wie Veranstaltungs-Locations. Freunde von Dancefloor kommen hingegen im Volksgarten auf ihre Kosten. An der Albertina ist das Österreichische Filmmuseum angesiedelt, das anspruchsvolles Programmkino bietet, und ganz in der Nähe liegt auch das wunderschöne Gartenbaukino. Gute Adressen für Liebhaber hoher Filmkunst.

Kneipen, Bars und Clubs

Nightfly's American Bar 250 Cocktails und eine Riesenauswahl an Destillaten. Donnerstags Klaviermusik.
■ I., Dorotheergasse 14, U3 Stephansplatz, Tel. 01/512 99 79, www.nightflys.at, Di–Do ab 20, Fr, Sa 20–4 Uhr

Volksgarten Eine der wichtigsten Dancefloor-Locations der Stadt mitten im Volksgarten neben der Hofburg: In der Clubdiskothek gibt's Veranstaltungen für ältere Semester, in der Säulenhalle legen einige der bekanntesten DJs der Welt auf.
■ I., Burgring 1, U2, U3 Volkstheater, Tel. 01/532 42 41, www.volksgarten.at, unterschiedliche Öffnungszeiten

Kinos

Österreichisches Filmmuseum Direkt unterhalb der Albertina können Cineasten Arthouse-Kino ebenso genießen wie Highlights des Wiener Filmfestivals »Viennale«.
■ I., Augustinerstr. 1, U1, U2, U4 Karlsplatz/Oper, Tel. 01/533 70 54, www.filmmuseum.at, Juli, Aug. geschl., Kassenöffnungszeiten siehe Homepage

ADAC Das besondere Kino

Das **Gartenbaukino** im I. Bezirk ist das größte Ein-Saal-Kino Österreichs und die Zentrale des größten österreichischen Filmfestivals, der Viennale. Neben der schönen 1950er-Jahre-Architektur beeindruckt die riesige Leinwand. Das Programm bietet neben Independent Cinema auch Premieren. Die Oscarverleihung wird hier jedes Jahr live übertragen.
I., Parkring 12, Wien, U4 Stadtpark, Tel. 01/512 23 54, www.gartenbaukino.at

Übernachten

Sie sind ein Synonym für luxuriöses Übernachten an Wiens Prachtstraße: die Ringstraßenhotels Grand Hotel Wien, Imperial oder The Ring. Wichtige Staatsbesucher steigen hier ebenso ab wie Popstars. Diese Hotels bieten opulentes Flair, meist eine sehr gute Küche in einigen der besten Restaurants der Stadt und natürlich sehr viel Ambiente. Darüber hinaus sind gerade am Ring in alten Bürgerhäusern innovative neue Hotels entstanden, in denen ehemalige Bürgerwohnungen für Übernachtungen adaptiert wurden. Die Preise sind aber auch hier etwas höher als in den Außenbezirken.

€€

12 **Altstadt Vienna** An den Wänden hängen Originale von Christian Ludwig Attersee oder Andy Warhol. Alle Zimmer und Suiten sind aus früheren Bürgerwohnungen entstanden, die behutsam umgewandelt wurden. Keines der – u. a. von Matteo Thun und Lena Hoschek entworfenen – Zimmer und Suiten gleicht dem anderen. ■ VII., Kirchengasse 41, U3 Volkstheater, Tel. 01/522 66 66, www.altstadt.at, 42 Zimmer

Guesthouse Wien Von Terence Conran geschaffenes, modernes Haus direkt an der Albertina. ■ I., Führichgasse 10, U1, U2, U4 Karlsplatz, Tel. 01/5121320, www.theguesthouse.at, 39 Zimmer

Hotel Rathaus – Wein & Design Der Name ist Programm: Jedes einzelne der stilvoll eingerichteten Zimmer ist einem österreichischen Top-Winzer gewidmet. ■ VIII., Lange Gasse 13, U2, U3 Volkstheater, Tel. 01/4001122, www.hotel-rathaus-wien.at, 39 Zimmer, 1 Suite

€€€

Grand Ferdinand Wiens neuestes Luxushotel mit Pool auf dem Dach, drei Restaurants und nur fünf Gehminuten vom Stadtpark entfernt, verbindet Tradition mit modernem Komfort. ■ I., Schubertring 10–12, Wien, U4 Stadtpark, Tel. 01/91880, www.grandferdinand.com. 50 Zimmer und Suiten

Grand Hotel Wien Das Grand Hotel wurde am 10. Mai 1870 feierlich eröffnet: Schon damals verfügte es über 300 Zimmer, 200 Badezimmer, einen dampfbetriebenen Lift und ein Telegraphen-Büro. Zeitgemäß adaptiert, gilt es als eine der Top-Adressen der Stadt. ■ I., Kärntner Ring 9, U1, U2, U4 Karlsplatz, Tel. 01/515800, www.grandhotelwien.at, 205 Zimmer

Hotel Sans Souci Wien Gleich neben dem MuseumsQuartier gelegen, bietet das Hotel komfortable Zimmer und einen 430 m² großen Wellnessbereich. Auch das Frühstück lässt kaum Wünsche offen. ■ VII., Burggasse 2, U2, U3 Volkstheater, Tel. 01/5222520, www.sanssouci-wien.com, 40 Zimmer

Imperial Eines der traditionsreichsten Häuser der Stadt, elegant, gediegen und beliebt bei Staatsbesuchern und Prominenz. Die Küche des Restaurants OPUS wurde mit einem Michelin-Stern ausgezeichnet. ■ I., Kärntner Ring 16, U1, U2, U4 Karlsplatz, Tel. 01/501100, www.imperialvienna.com, 138 Zimmer, 62 Suiten

Innere Bezirke – zwischen Ringstraße und Gürtel

Die Bezirke jenseits der Ringstraße sind ein pulsierender Teil der Stadt zwischen den ehemaligen Stadtbefestigungen

Mit dem Karlsplatz und Schloss Belvedere nennen die südlichen Bezirke Landstraße und Wieden zwei der interessantesten touristischen Ziele Wiens ihr Eigen. Rund um diese beiden Fixpunkte sind weitere Highlights wie Prater und Naschmarkt angesiedelt.

In diesem Kapitel:

ADAC Top Tipps:

ADAC Empfehlungen:

Innere Bezirke

(15) Alpengarten im Belvederepark

| Botanischer Garten |

4000 Alpenpflanzen in einem grünen Idyll neben dem Belvedere. 85

(16) Flohmarkt beim Naschmarkt

| Markt |

Beim Einkaufsbummel am Samstag entdeckt man hin und wieder auch Wertvolles. 89

(17) Haus des Meeres

| Ausstellung |

Frei lebende Äffchen und Fische im Atlantiktunnel. 89

(18) Café Sperl

| Café |

Ein Fixpunkt der Wiener Kaffeehaus-kultur, und dazu gibt's die passende Sperl-Schnitte. 90

(19) Pathologisch-anatomische Sammlung

| Museum |

Einzigartige pathologische Sammlung im ehemaligen Narrenturm. 93

(20) Strudlhofstiege

| Architektur |

Jugendstil und Literatur vereint: Der Stiege ist ein Roman gewidmet. 96

38 Prater

5 *Vergnügungspark und grüne Aulandschaft*

■ U1, U2, Bus 80A, Tram 1, 5, O Praterstern
■ II., Hauptzugang am Beginn der Ausstellungsstraße, www.prater.at, ganzjährig geöffnet (die meisten Attraktionen sind von März bis Oktober in Betrieb)

Sechs Quadratkilometer Grünfläche in einer Aulandschaft an der Donau: Das ist der Wiener Prater. Erstmals im Jahre 1162 erwähnt, als Kaiser Friedrich I. Barbarossa Grundstücke zwischen der Schwechat und der Donau einem Adeligen namens Conrad de Prato schenkte. Dessen Familie benannte sich bald in »Prater« um und gab dem gesamten Park den Namen. Jahrhundertelang wurde hier allerdings fast ausschließlich die Jagd als adeliges Vergnügen gepflegt. Erst der Habsburger Joseph II. erlaubte der Bevölkerung 1766 den Besuch des Praters; in einem kleinen Teil im Norden wurden bald darauf Kaffee- und Wirtshäuser eröffnet: Der »Wurstelprater« war geboren. Der »Wurstelprater« mit seinen Achter- und Geisterbahnen, den Schießständen und Würstlbuden ist übrigens auch heute noch gemeint, wenn ein Wiener von einem Besuch im Prater spricht.

In der ausgedehnten Parklandschaft sind aber auch die Galopp- und Trabrennbahn, das Ernst-Happel-Stadion – Österreichs Nationalstadion – und das Ferry-Dusika-Hallenstadion, in dem u. a. Radrennen stattfinden, angesiedelt. Das alles entdeckt man bei einer 20-minütigen Rundfahrt mit der 4 km langen Liliputbahn (www.liliputbahn.com, 5 €, erm. 3 €).

Sehenswert

Wurstelprater

| Vergnügungspark |

Der Wurstelprater ist zwar nicht mit Disneyland vergleichbar, bietet aber das ganze Jahr über Volksfestatmosphäre mit Achterbahnen, Autodrom und Schießbuden. So besitzt er mit dem 117 m hohen Prater Turm das höchste Kettenkarussell Österreichs, die Alt Wiener Grottenbahn ist seit Jahrzehnten bei Kindern beliebt, und auch die Geisterbahn oder die Hochschaubahn Wilde Maus (die 2017 einem Spielfilm des österreichischen Kabarettisten Josef Hader den Titel gab) haben ihre Fans. Und natürlich ist eine Fahrt mit dem Riesenrad ein Fixpunkt bei einem Besuch Wiens.

■ II., Prater, U1, U2 Praterstern, Bus 80A

Planetarium

| Planetarium |

Das Zeiss Planetarium im Prater gilt als eines der modernsten der Welt: Der Sternenhimmel an der großen Kuppel wird naturgetreu projiziert, die Einbindung modernster Forschungsergebnisse und neuester Entdeckungen sorgt dafür, dass die Sternenwelten und Galaxien für Besucher immer auf dem aktuellen Stand sind.

■ II., Oswald-Thomas-Platz 1, U1, U2, Bus 80A, Tram 1, 5, O Praterstern, www.planetarium-wien.at, Öffnungszeiten siehe Homepage, 9 €, erm. 6,50 €

Pratermuseum

| Museum |

Nicht nur Gemälde, Plakate und Fotos, sondern auch eine einzigartige Laterna-magica-Sammlung aus dem alten, 1945 bei einem Bombenangriff zer-

Das rund 65 m hohe Riesenrad im Prater ist ein beliebtes Fotomotiv

störten Wurstelprater sind in diesem kleinen Museum beim Planetarium zu sehen.

■ II., Oswald-Thomas-Platz 1, U1, U2, Bus 80A, Tram 1, 5, O, Praterstern, Tel. 01/726 76 83, www.wienmuseum.at, Fr–So 10–13, 14–18 Uhr, 5 €, Kinder frei

Riesenrad

| Aussichtspunkt |

Das Wiener Riesenrad wurde 1897 zur Feier des 50. Thronjubiläums Kaiser Franz Josephs I. errichtet, ist 64,76 m hoch und neben dem Stephansdom eines der Wahrzeichen Wiens.

■ II., Prater, U1, U2, Bus 80A, Tram 1, 5, O Praterstern, Tel. 01/729 54 30, www.wienerriesenrad.com, Ende April–Anf. Sept. 9–23.45, Anf. Sept.–Anf. Okt. bis 22.45, sonst 10–21.45, zeitweise nur bis 19.45 Uhr, Näheres siehe Homepage, 12 €, erm. 5 €

Restaurants

€ | **Schweizerhaus** Seit 1873 werden hier unter Kastanienbäumen Budweiser vom Fass, Schweinshaxen und Sauerkraut serviert. ■ II., Prater 116, U1, U2 Praterstern, Tel. 01/728 01 52, www.schweizerhaus.at, Mitte März–Ende Okt. tgl. 11–23 Uhr

€€ | **Das Loft** Im obersten Stock des Sofitels wird moderne kreative Küche serviert – mit Panoramablick über die Stadt und unter einem farbenfrohen Deckengemälde der Schweizer Künstlerin Pipilotti Rist. ■ I., Praterstraße 1, U1, U2 Praterstern, Tel. 01/906 16 8110, www.dasloftwien.at, tgl. 6.30–10.30, 12–14.30, 18–23 Uhr, am besten reservieren

€€ | **Skopik & Lohn** Touristen verirren sich eher selten hierher, aber das Lokal ist ein Hort gehobener österreichischer Küche. Schon allein für das

Das Kunst Haus Wien wurde von Friedensreich Hundertwasser entworfen

Wiener Kalbsschnitzel lohnt sich der Abstecher in die Leopoldstadt. ■ II., Leopoldsgasse 17, U1, U2 Praterstern, Tel. 01/219 89 77, www.skopikundlohn.at, Di–Sa 18–1 Uhr

39 Hundertwasserhaus

Kunterbunter Gemeindebau ohne gerade Linien

■ Tram 1 Hetzgasse
■ III., Kegelgassel 36–38, Tel. 01/470 1212, www.das-hundertwasser-haus.at, http://hundertwasserhaus.info

Der kommunale Wohnbau aus Holz und Ziegeln, verspielten Türmchen, bunten Farben und ohne gerade Linien wurde von Friedensreich Hundertwasser – einem der wichtigsten Vertreter des Phantastischen Realismus – und dem Architekten Josef Krawina Anfang der 1980er-Jahre gestaltet. Er ist nicht öffentlich zugänglich, aber auch von außen sehenswert.

Sehenswert

Kunst Haus Wien

| Museum |

Wer die fehlenden Geraden im Werk Hundertwassers genauer erkunden möchte, ist im Kunst Haus Wien richtig, das ebenfalls vom Künstler gestaltet wurde: Neben vielen Werken Hundertwassers, die im Museum Hundertwasser gezeigt werden, gibt es auch Ausstellungen zeitgenössischer Kunst mit dem Schwerpunkt Fotografie zu sehen. Auch der ökologische Aspekt in Hundertwassers Werk wird beleuchtet.

■ III., Untere Weißgerberstr. 13, Tram 1 Radetzkyplatz, www.kunsthauswien.com, tgl. 10–18 Uhr, 12 €, Kinder unter 10 J. frei

40 Fälschermuseum

Fast echte Meisterwerke von Rembrandt, Chagall und Co.

■ U3 Rochusgasse, Tram 1 Hetzgasse
■ III., Löwengasse 28, www.faelschermuseum.com, Di–So 10–17 Uhr, im Winter siehe Homepage, 6 €, Kinder 3,50 €

Wissen Sie, was der Unterschied zwischen Kopie und Fälschung ist? Wenn nicht, erfahren Sie es in diesem kleinen engagierten Wiener Museum. Dazu wurden die »echten« gefälschten Werke von renommierten Fälschern wie Han van Meegeren, Konrad Kujau oder Lothar Malskat zusammengetragen.

Einkaufen

Lingenhel Eigene Käserei mit Produkten aus Büffel- und Ziegenmilch und ein Shop mit weiteren kulinarischen Köstlichkeiten. Probieren kann man das Ganze im angeschlossenen Restaurant. ■ III., Landstrasser Hauptstraße 74, U3 Rochusgasse, www.lingenhel.com

41 MAK

13 *Die Wiener Werkstätte aus der Nähe betrachtet*

■ U3 Stubentor
■ I., Stubenring 5, Tel. 01/711 36-0, www.mak.at, Mi–So 10–18, Di 10–22 Uhr, 12 €, Kinder frei, Di 18–22 Uhr 5 €

Das österreichische Museum für angewandte Kunst (MAK) ist das älteste Kunstgewerbemuseum des europäischen Festlands und für seine Sammlung mit Arbeiten des Jugendstils und der Wiener Werkstätte bekannt – allen voran zahlreiche Designs von Josef Hoffmann. Werke zeitgenössischer Künstler und Architekten der eigenen Kollektion und Wechselausstellungen runden das Programm ab.
Der Bau wurde im klassizistischen Stil von Heinrich Ferstel an der Ringstraße errichtet.

Restaurants

€€ | **Salonplafond im MAK** Gemäß der Tradition des klassischen Wiener Wirtshauses werden hier Kalbstafelspitz oder Schweinebauch (der allerdings mit Kimchi und Powidl) serviert. Die elegant-minimalistische Einrichtung stammt von den Künstlern Oswald Haertl und Josef Frank, aber auch der Gastgarten ist an lauen Sommertagen eine hervorragende Option. ■ I., Stubenring 5, U3 Stubentor, Tel. 01/ 226 00 46, www.salonplafond.wien, tgl. 10–24 Uhr

ADAC Mittendrin

Die warme Jahreszeit genießt man in Wien am besten im Freien. Zahlreiche Lokale bieten das perfekte Sommerfeeling, besonders entlang des **Donaukanals** hat sich eine Szene mit Bars mit Sandstränden, Musik und Cocktails entwickelt: An der Urania lockt zum Beispiel die Strandbar Herrmann mit Sandstrand und Mojitos, am Badeschiff direkt am Donaukanal gibt's neben gutem Essen auch einen Pool, und auch das Lokal Motto am Fluss bei der Anlegestation des Twin City Liners (der Wien mit Bratislava verbindet) ist für seine gute Küche bekannt.

42 Stadtpark

Figurengeschmückter Park mit goldenem Strauss

■ U4 Stadtpark, U3 Stubentor
■ Parkring (I.) bis Heumarkt (III.)

Wiens erste öffentliche Parkanlage wurde nach der Schleifung der Stadtmauer am ehemaligen Wasserglacis errichtet. Bekannt ist der im englischen Landschaftsstil gehaltene Park v. a. wegen seiner Denkmäler und Skulpturen: Der Star ist zwar der vergoldete Johann Strauss, daneben sind aber auch noch Franz Schubert, Franz Lehár oder ein Marmorstandbild des Malers Hans Makart im Festzugskostüm – das er zum silbernen Thronjubiläum Kaiser Franz Josephs 1879 trug – einen Blick wert.

Golden glänzt die Johann-Strauss-Statue im Stadtpark

Sehenswert

Johann-Strauss-Denkmal
| Denkmal |
Das vergoldete Bronzestandbild von Johann Strauss (Sohn) mit Violine wurde von Edmund Hellmer 1921 geschaffen. Bis heute ist es eines der meistfotografierten Denkmäler der Stadt.
■ III., Stadtpark, U4 Stadtpark

Restaurants

14 **€€–€€€ | Steirereck – Meierei im Stadtpark** In der ehemaligen Milchtrinkhalle der Meierei im Stadtpark befindet sich das Restaurant Steirereck der Familie Reitbauer, für viele die beste Küche Österreichs, was natürlich auch seinen Preis hat. Günstiger kann man die Reitbauer-Gerichte in der Meierei im Stadtpark gleich daneben verkosten: Vom Langschläfer-Frühstück (bis mittags) bis zum Abendessen, auf jeden Fall sollte man den besten Kaiserschmarren Wiens kosten.
■ III., Am Heumarkt 2A, U4 Stadtpark, Tel. 01/713 31 68, www.steirereck.at, Steirereck (Reservierung erforderlich): Mo–Fr 11.30–14.30 und ab 18.30 Uhr; Meierei im Stadtpark: Mo–Fr 8–23, Sa, So 9–19 Uhr

43 Wiener Konzerthaus

Hervorragende Akustik für internationale Orchester

■ U4 Stadtpark
■ III., Lothringerstr. 20, Tel. 01/24 20 02, www.konzerthaus.at, Ticketcenter Mo–Fr 9–19.45, Sa 10–14 Uhr

Wiens zweite große Konzertbühne neben dem Musikverein: Hier machen vor allem internationale Orchester Station, wenn sie in Wien sind. Die Architektur des Gebäudes – ebenfalls ein Teil der Ringstraßenarchitektur – kombiniert Elemente des Historismus, des Secessionismus und des Jugendstils. Im Foyer sieht man übrigens das Original des 1878 von Kaspar von Zumbusch geschaffenen Beethoven-Denkmals, eine Kopie steht vor dem Konzerthaus am Beethovenplatz.

44 Schwarzenbergplatz

Erinnerungen an Völkerschlacht und russische Besatzung

- Tram D, 2, 71, Bus 4A Schwarzenbergpl.
- I., Schwarzenbergplatz

Dominiert wird der Platz vom imposanten Heldendenkmal am Anfang des Rennwegs, 1945 von der Roten Armee errichtet (und deshalb bis heute »Russendenkmal« genannt). Das dagegen fast filigran wirkende Reiterstandbild des Feldmarschalls Karl Philipp Fürst Schwarzenberg, der in der Völkerschlacht bei Leipzig 1813 gegen Napoleon kämpfte, gerät dadurch etwas ins Hintertreffen.

45 Karlsplatz

Mit Sicherheit einer der schönsten Plätze Wiens

- U1, U2, U4 Karlsplatz
- IV., Karlsplatz

Der Karlsplatz, an der Grenze zwischen dem I. und den äußeren Bezirken, ist um 1900 durch die Regulierung des Wienflusses entstanden und nach Kaiser Karl VI. benannt. Der Platz kombiniert eine Reihe von stadtprägenden Architekturstilen: Neben dem Secessionsgebäude stehen der moderne Glaspavillon der Kunsthalle Karlsplatz und der von Otto Wagner im Jugendstil errichtete Stadtbahnpavillon, auf der gegenüberliegenden Seite das von Adolf Loos gestaltete Café Museum, das klassizistische Musikvereinsgebäude und das Künstlerhaus. Als Draufgabe spiegelt sich dann auch noch die den Platz dominierende barocke Karlskirche vor Henry Moores Skulptur »Hill Arches« auf der Wasserfläche.

ADAC Wussten Sie schon?

... dass der **kleinste Weingarten Wiens** direkt am Schwarzenbergplatz zu finden ist? Anfang Oktober werden unter Beisein des Bürgermeisters die Trauben der 60 Weinstöcke gelesen. Daraus werden dann etwa 50 Flaschen Wein produziert, die für einen guten Zweck versteigert werden.

Sehenswert

Karlskirche

| Kirche |

6 *Barockes Gotteshaus als Meisterwerk einer Künstlerfamilie*

Das wahrscheinlich imposanteste sakrale barocke Bauwerk der Stadt in einem einzigartigen Ambiente: Gerade durch die Weite des Karlsplatzes kommt die Architektur und Größe des Gotteshauses besonders zur Geltung: 80 m lang ist die Kirche, 60 m breit, und die Kuppel erreicht 72 m Höhe. Kaiser Karl VI. hatte im Pestjahr 1713 dem Pestpatron Karl Borromäus den

Bau einer Kirche gelobt und nur ein Jahr später in Auftrag gegeben, als die Seuche, die 8000 Menschenleben forderte, abklang.
Die Kirche gilt als eines der bedeutendsten Bauwerke der Baumeisterfamilie Fischer von Erlach, den Meistern des Hochbarock: Von 1716 bis zu seinem Tod 1723 arbeitete Johann Fischer von Erlach am Bau, vollendet wurde die Kirche von seinem Sohn Joseph Emanuel 1737. Beiden ging es darum, als Hommage an Kaiser Karl VI. verschiedenste Bauwerke ruhmreicher Epochen zu zitieren: Das beginnt schon bei der Grundidee des von einer Ovalkuppel dominierten Baus, den zwei Säulen flankieren, wie einst bei Salomons Tempel. Der Tempelportikus hingegen erinnert an den Jupitertempel in Rom, die beiden Säulen mit Relief-Spiralbändern an die Trajanssäule.
Dem steht auch die Innenausstattung kaum nach, der barocke Hochaltar und die kunstvollen Seitenaltäre sind allerdings nur ein Vorspiel auf den Höhepunkt: die Kuppel mit einem prächtigen Fresko von Johann Michael Rottmayr, das zwischen 1725 und 1730 entstand. Thema ist die Fürbitte des hl. Borromäus vor der Heiligen Dreifaltigkeit um Erlösung von der Pest. Mit einem Panoramalift und einer Plattform in 32 m Höhe kann man die Klarheit der Linien und die Farbenpracht der Fresken aus nächster Nähe bewundern. Der Aufstieg in die Laterne ist seit dem Umbau der Plattform nicht mehr möglich, dafür bietet sich von dieser ein schöner Blick auf den Karlsplatz.

■ IV., Karlsplatz, U1, U4 Karlsplatz, www.karlskirche.at, Mo–Sa 9–18, So 12–19 Uhr, 8 € mit Panoramalift, erm. 4 €, Kinder unter 10 J. frei

ADAC Spartipp

Sind Sie zufällig am **1. Sonntag des Monats** in Wien, dann geht die Familie gratis ins Museum: Das Wien Museum am Karlsplatz, das Römermuseum, das Uhrenmuseum, die Hermesvilla im Lainzer Tiergarten und das Heeresgeschichtliche Museum verlangen dann keinen Eintritt.

Museo Borromeo

| Museum |

In dem kleinen Museum unter dem Glockenturm der Kirche sind sakrale Goldschmiedearbeiten und Textilien zu bewundern. Das ehemalige Museo Nuovo zeigt Sonderausstellungen.

■ IV., Karlsplatz, U1, U2, U4 Karlsplatz, www.karlskirche.at, Mo–Sa 9–18, So 12–19 Uhr, im Eintritt zur Kirche inkl.

Kunsthalle Karlsplatz

| Ausstellung |

1992 wurde die Kunsthalle Wien eigentlich nur als Provisorium in einem Container am Karlsplatz eröffnet. Nachdem die Kunsthalle in das MuseumsQuartier übersiedelte, blieb aber auch der Container erhalten: In einem Teil sind wechselnde Ausstellungen zeitgenössischer Kunst zu sehen, der andere ist ein Café.

■ IV., Treitlstraße 2, U1, U2, U4 Karlsplatz, www.kunsthallewien.at, tgl. 11–19, Do 11–21 Uhr, 8 € (inkl. MAK), Kinder frei, am Sonntag kann man den Preis selbst bestimmen!

Wien Museum

| Museum |

Das Wien Museum ist ein Netzwerk von Ausstellungsstätten, das sich mit Kunst und Geschichte der Stadt Wien

Die hochbarocke Karlskirche verdankt ihre Existenz dem Ende einer Pestepidemie

befasst und von der Hermesvilla im Lainzer Tiergarten (S. 109) über Otto Wagners Stadtbahnpavillons bis zu diversen Sterbezimmern berühmter Persönlichkeiten reicht. Das Hauptgebäude steht am Karlsplatz und hier sind Sammlungen von der Jungsteinzeit bis zum 20. Jh. versammelt: Das beginnt bei urgeschichtlichen Grabungsfunden, führt über Funde aus dem römischen Legionslager Vindobona, Glasfenster und Skulpturen des Stephansdoms sowie Waffen und Rüstungen aus dem Wiener Bürgerlichen Zeughaus bis zur sogenannten Türkenbeute, den Resten der Türkenbelagerungen. Auch Werke von Klimt und Schiele sind zu sehen.

■ IV., Karlsplatz, U1, U4 Karlsplatz, Tel. 01/505 87 47, www.wienmuseum.at, Di–So 10–18 Uhr, 7 €, Kinder frei

Cafés

Café Museum Das einstige Lieblingskaffeehaus der Secessionskünstler ist auch wegen seiner Innenarchitektur aus den 1930er-Jahren, die die Originalausstattung von Adolf Loos ersetzt hat, einen Besuch wert. ■ I., Operngasse 7, U1, U2, U4 Karlsplatz, Tel. 01/24 10 06 20, www.cafemuseum.at, tgl. 8–23 Uhr

Events

Konzerte in der Karlskirche Mehrmals wöchentlich führen Solisten des Wiener KammerOrchesters Vivaldis »Vier Jahreszeiten« auf – und das aus gutem Grund: Vivaldi wurde 1741 ganz in der Nähe der Kirche begraben. ■ Tageskasse 9–20.15 Uhr (an Konzerttagen), www.konzert-wien.info

46 Belvedere

Die prachtvolle Sommerresidenz des Prinzen Eugen

Das Obere Belvedere ist ein Meisterwerk von Johann Lucas von Hildebrandt

Information

- U1 Taubstummengasse
- III., Prinz-Eugen-Str. 27
- Parken: siehe S. 86

7 *Elegantes Ensemble mit französisch-italienischem Park*

Die prachtvolle Sommerresidenz des Prinzen Eugen von Savoyen ist ein Musterbeispiel des Wiener Hochbarock: Der Architekt Johann Lucas von Hildebrandt konnte hier seine Vorstellungen der Architektur mit den hehren Wünschen des Prinzen in Einklang bringen. Das einzigartige Ensemble umfasst das Wohnschloss Unteres Belvedere, das Repräsentationsschloss Oberes Belvedere und den ansteigenden Schlosspark dazwischen.

Sehenswert

a Unteres Belvedere

| Palais |

Im zwischen 1714 und 1716 von Johann Lucas von Hildebrandt geschaffenen Unteren Belvedere befinden sich die Wohn- und Repräsentationsräume des Prinzen Eugen: Der zweigeschossige Marmorsaal diente einst als Empfangsraum, an dessen Wänden noch heute Kriegstrophäen auf Prinz Eugens Erfol-

Plan
S. 85

ge als kaiserlicher Oberbefehlshaber hinweisen. Auch sonst ist der Prinz allgegenwärtig: Das Deckenfresko von Martino Altomonte zeigt ihn als Apollo im Sonnenwagen. Auf dem Fresko der Marmorgalerie hingegen empfängt der Prinz Auszeichnungen, während der allegorische Friede naht und Neid und Hass vertrieben werden.

Den Höhepunkt eines Besuches im Unteren Belvedere bildet aber das »Goldkabinett«, das in der Regierungszeit Maria Theresias um 1770 aus dem Stadtpalais des Prinzen hierher gebracht wurde: Auf Goldgrund sind Pflanzen und Allegorien der Erdteile, Jahreszeiten und Elemente gemalt.

Das Untere Belvedere und die Orangerie sind heute Schauplatz von Wechselausstellungen.

■ III., Rennweg 6, Tram 71 Unteres Belvedere, Tel. 01/79 55 71 34, www.belvedere.at, Sa–Do 10–18, Fr 10–21 Uhr, Ticket Unteres Belvedere, Orangerie, Prunkräume, Prunkstall 14 €, Kinder frei (Kombiticket Oberes/Unteres Belvedere 22 €), vermeiden Sie die Zeit zwischen 11 und 14 Uhr

b Schlosspark

| Park |

Im Jahre 1700 begann der Versailler Gartenarchitekt Dominique Girard, der auch die Schlossgärten Nymphenburg und Schleißheim in München verantwortete, im Auftrag des Prinzen Eugen mit der Gestaltung des Parks: Vor dem Unteren Belvedere legte er einen Garten in italienischem Stil an, den Park vor dem Oberen Belvedere gestaltete er in französischem Stil. Dazwischen stehen die acht Musen sowie Statuen von Herkules und Apollo, die der Prinz in Gemälden und Fresken als Symbol für seine Erfolge wählte.

■ III., Prinz Eugen Str. 27, U 1 Taubstummengasse, April–Okt. 6 Uhr bis Sonnenuntergang.

c Oberes Belvedere

| Palais |

Baumeister Johann Lucas von Hildebrandt bemühte sich um barocke Harmonie: Das 1720–24 errichtete und vor allem Repräsentationszwecken dienende Obere Belvedere sollte nicht nur perfekt in die Landschaft eingepasst sein, sondern auch in sich stimmig wirken: Der Baukörper ist lang gezogen und hervorragend gegliedert, der vorstehende Mittelteil perfekt mit den Seitenflügeln verbunden. An ein Renaissanceschloss erinnern die Rundtürme an den Seiten.

Auch das hochbarocke Innere, das großteils von italienischen Künstlern ausgeschmückt wurde, passt sich diesem Harmoniestreben an: Das beginnt schon im Erdgeschoss in der »Sala terrena«, dem Gartensaal, in dem vier Atlanten die Decke stützen. Das farbenprächtige Fresko stammt von Carlo Carlone und stellt Apollo und Aurora dar. Die Prunkstiege führt zum Hauptgeschoss des Schlosses.

Der zwei Geschosse umfassende Marmorsaal ist der prachtvollste Raum des Oberen Belvedere: Er ist in rotem Marmor gehalten, Thema des Deckengemäldes, wahrscheinlich wiederum von Carlone, ist eine Allegorie des Ruhms: Hausherr Prinz Eugen wird als unumschränkter Sieger dargestellt. Einen Blick wert sind auch die zweigeschossige Schlosskapelle (hier findet jeden Sonntag um 12 Uhr eine heilige Messe statt) und das weiß-golden dekorierte Goldkabinett im Nordwestturm, in dem im Jahre 1760 Canalettos berühmter »Blick auf Wien« entstand (das Gemälde ist heute im Kunsthistorischen Museum zu bewundern).

Das Obere Belvedere beherbergt heute die »Belvedere Sammlung« mit österreichischer Kunst vom Mittelalter bis zur Gegenwart. Unter anderem sind das Spätwerk Schieles und die Hauptvertreter der Wiener Secession und des Jugendstils hier zu sehen, darunter die weltweit größte Sammlung mit Arbeiten Gustav Klimts und sein Meisterwerk »Der Kuss« (von 1907). Ein weiteres Kernstück der Belvedere-Sammlungen ist im zweiten Stock zu bewundern: Arbeiten des Klassizismus, der Romantik und des Biedermeier, darunter Ferdinand Georg Waldmüllers stimmungsvoll-idyllische Werke. Und das »Piano nobile« des Schlosses ist dem Barock und seinen Vertretern gewidmet.

Das Goldkabinett befand sich ursprünglich im Stadtpalais von Prinz Eugen

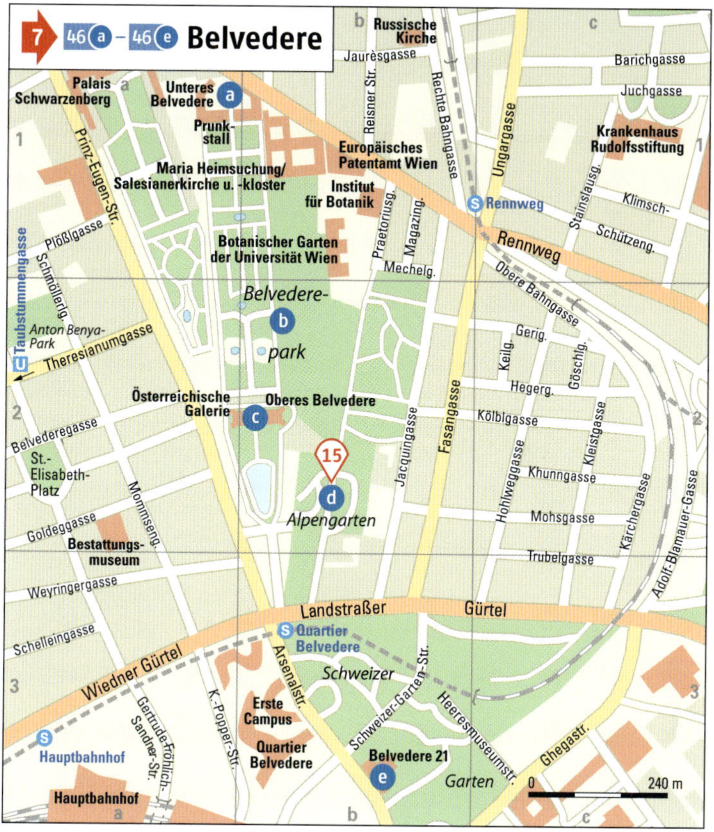

■ III., Prinz-Eugen-Str. 27, U1 Taubstummengasse, Tel. 01/79 557134, www.belvedere.at, Sa–Do 9–18, Fr 9–21 Uhr, 16 €, Kinder frei (Kombiticket Oberes und Unteres Belvedere 22 €)

d Alpengarten im Belvederepark

| Botanischer Garten |

15 *4000 Pflanzen aus den Alpen mitten in Wien*

Der Alpengarten im Belvederepark wurde 1803 auf Wunsch des naturliebenden Erzherzogs Johann gegründet: Rund 4000 Pflanzenarten sind hier versammelt und geschützt, dazu eine Bonsai-Sammlung. Sehenswert: die Rhododendronblüte ab April.

■ III., Landstraßer Gürtel 1, U1 Taubstummengasse, Zugang im obersten Teil des Belvedereparks sowie unten über Rennweg und Mechelgasse, www.bundesgaerten.at, März–Anf. Aug. tgl. 10 Uhr bis Sonnenuntergang, Eintritt frei

e Belvedere 21

| Museum |

Einst »20er Haus« genannt, wurde mit dem neuen Jahrtausend daraus das »21er Haus«, heute heißt es Belvedere 21, das Thema ist aber gleich geblieben: zeitgenössische Kunst, v. a. aus

ADAC Spartipp

Das **Kombiticket** für Oberes Belvedere, Unteres Belvedere und Belvedere 21 kostet nur 25 € und ist 30 Tage gültig: Das heißt, man kann ausgiebig durch die Gemälde- und Kunstsammlungen schweifen und spart insgesamt gegenüber den Einzeltickets 11 €.

Österreich. Ein Teil der Dauerausstellung ist dem Architekten und Bildhauer Fritz Wotruba (1907–75) gewidmet.
■ III. Rennweg 14, U1 Taubstummengasse, www.belvedere.at, Mi, Fr 11–21, Do, Sa, So 11–18 Uhr, 8 €, Kinder frei

P Parken

Tiefgarage am Rennweg ■ III., Ungargasse 66, 6 € pro Tag, Plan S. 85 b/c1

Restaurants

€ | **Salm Bräu** Die Brau-Gaststätte im ehemaligen Wirtschaftstrakt des Salesianerinnen-Klosters schenkt seit 1994 selbst gebrautes Bier aus, zu dem kleine Schmankerln und ein gutes Gulasch serviert werden. ■ III., Rennweg 8, Tram 71 Unteres Belvedere, Tel. 01/799 59 92, www.salmbraeu.com, tgl. 11–24 Uhr, Plan S. 85 b1

47 Heeresgeschichtliches Museum

Die kriegerische Vergangenheit der Donaumonarchie

■ U1 Südtiroler Platz, U3 Schlachthausgasse, Bus 13A, 69A, Tram D, O, 18 Arsenal
■ III., Arsenal, Objekt 1, Tel. 01/79 56 10, www.hgm.at, tgl. 9–17 Uhr, 7 €, Kinder frei

Das Heeresgeschichtliche Museum ist passenderweise im Arsenal untergebracht, dem ehemaligen kaiserlichen Waffenlager, das nach der Märzrevolution von 1848 auf einem Hügel hinter dem Belvedere als Vorläufer des Klassizismus errichtet wurde. Der Schwerpunkt des Museums liegt auf der Geschichte der Habsburgermonarchie bis 1918. Ein eigener Saal ist dem Ereignis gewidmet, das den Zerfall der Donaumonarchie einleitete: dem Attentat von Sarajewo 1914. Hier ist das Fahrzeug zu sehen, in dem der Thronfolger Franz Ferdinand und seine Gattin erschossen wurden, ebenso wie der blutige Waffenrock des Erzherzogs und die Chaiselongue, auf der er starb. Prinz Eugen, Maria Theresia und der k.u.k.-Marine sind weitere Säle gewidmet, ebenso der Geschichte des österreichischen Bundesheeres.

48 Naschmarkt

8 *Allerlei Sachen zum Naschen und Einkaufen*

■ U4 Kettenbrückengasse
■ VI., Naschmarkt, Tel. 01/400 00 54 30, www.wien.gv.at, Mo–Fr 6–19.30, Sa 6–18 Uhr

Mit asiatischen Büfetts, Geschäften für italienische Nudeln, frischen Fisch und Meeresfrüchte, Ständen mit Wiener Gurken und exotischen Früchten, Essigspezialitäten, Wein, Kaffee oder Tee ist der Naschmarkt das bunteste und duftendste Stück Wiens. Dazu kommen noch kleine Lokale mit klassischer Wiener Küche sowie Buden, in denen man hervorragend ausruhen und die Marktbesucher und »Ständler« beobachten kann.

Der heimliche Kaiser und sein Schloss

Da dem jungen Prinzen wegen seines kleinen Wuchses der Eintritt in das französische Heer verweigert wurde, floh er 1683 als Zwanzigjähriger nach Österreich und bot dem Kaiser seine Dienste an: Eugen Franz, Prinz von Savoyen-Carignan (1663–1736) wurde bald einer der bedeutendsten Feldherren des Habsburgerreiches, der sich seine Meriten vor allem gegen die Türken erwarb. Gerade der Krieg von 1714 bis 1718, in dem er ein türkisches Entsatzheer vernichtend schlug und Belgrad einnahm, machte ihn auch zu einem Volkshelden, dem Lieder (»Prinz Eugen, der edle Ritter«) gewidmet wurden. Seinem Einfluss auf die Politik der Monarchie verdankte er aber auch die Bezeichnung »der heimliche Kaiser«.

Prinz Eugen war aber nicht nur einer der Baumeister der Großmacht Österreich, sondern auch Förderer von Kunst und Wissenschaft. Er war eifriger Kunstmäzen, vor allem aber hinterließ er Wien eine seiner schönsten Schlossanlagen: seine Sommerresidenz Belvedere hinter dem Glacisgürtel. 1716 war das Untere Belvedere, das eigentliche Wohnschloss am Rennweg, vollendet, 1724 das Obere Belvedere auf einer Anhöhe, beide durch einen Park zu einem der schönsten Gesamtkunstwerke des Wiener Barock verbunden.

Nach dem Tode des Prinzen 1736 erbte seine Nichte Maria Anna Victoria von Savoyen den Besitz, doch diese verschleuderte den größten Teil des Anwesens, der schließlich vom Hof übernommen wurde: Thronfolger Franz Ferdinand wählte das Obere Belvedere als seine Residenz. Nach dem Ende der Monarchie fiel es an den österreichischen Staat. Einmal noch erlebte das Obere Belvedere ein politisches Glanzlicht: Am 15. Mai 1955 wurde im Marmorsaal der Österreichische Staatsvertrag unterzeichnet.

Dabei hat der Naschmarkt Geschichte: Schon um 1780 verkauften Bauern hier ihre Produkte, aber erst Ende des 19. Jh. entstand mit der Regulierung des Wienflusses der heutige Markt: Ab 1910 wurden rund 120 Marktstände und ein Marktamtsgebäude errichtet. Am Naschmarkt selbst ist auch der Stadtbahnpavillon von Otto Wagner (heute U-Bahnhof) sehenswert.

Sehenswert

Majolikahaus (Wienzeilenhäuser)

| Architektur |

Seinen Namen verdankt das Majolikahaus den leicht abwaschbaren Majolikafliesen mit farbigen Pflanzenornamenten, die der Architekt Otto Wagner beim Bau verwendete. Das benachbarte Eckhaus besitzt an seiner Fassade vergoldete Medaillons von Koloman Moser. Um die Ecke in der Köstlergasse Nr. 3 lebte Otto Wagner selbst.

■ VI., Linke Wienzeile 38/40, U 4 Kettenbrückengasse

Restaurants

€ | **Ubl** Die Schnitzel in diesem Refugium der Wiener Küche sind legendär. Wer noch tiefer in die lokale Küche eintauchen will, für den gibt es geröstete Leber, Beinfleisch und Blutwurst.

■ IV., Preßgasse 26, U 4 Kettenbrückengasse, Tel. 01/587 64 37, Mo, Di geschl.

Cafés

Café Drechsler 1919 wurde dieses Lokal eröffnet und war jahrzehntelang

Wandmedaillons von Koloman Moser zieren das Haus in der Linken Wienzeile 38

die beliebteste Wasserstelle der Markthändler am frühen Morgen. Sir Terence Conran hat das Lokal behutsam umgestaltet, seither bietet es gepflegten Kaffeegenuss und auch kleine Speisen – und normale Öffnungszeiten. ■ VI., Girardigasse 1, U 4 Kettenbrückengasse, Tel. 01/5812044, www.cafedrechsler.at, Mo–Sa 8–24, So 9–24 Uhr

Einkaufen

Alles Seife Rohstoffe aus biologischer Landwirtschaft sind die Basis einer Reihe von in allen Aromanuancen duftenden und von Hand gefertigten Naturseifen. ■ VI., Naschmarkt, Stand 54, U4 Kettenbrückengasse, Sommerzeit Mo–Sa 9–19, Sa 9–17 Uhr, Winterzeit Mo–Fr 9–18, Sa 9–17 Uhr

Blühendes Konfekt Nahe dem Naschmarkt kreiert Michael Diewald Süßes in nicht zuletzt optisch sehr ansprechendem Design. Kamillenblütenschokolade und andere Köstlichkeiten werden zum Teil mit Zutaten aus dem eigenen Garten oder auch mit Fair-Trade-Produkten hergestellt. Highlight eines Besuches ist eine Verkostung mit dem Meister höchstpersönlich (gegen Voranmeldung). ■ VI., Schmalzhofgasse 19, U4 Kettenbrückengasse, Mobil 0660/341 1985, www.bluehendes-konfekt.com, Mi–Fr 10–18.30 Uhr

Essigbrauerei Gegenbauer Lassen Sie sich von Erwin Gegenbauer am besten persönlich beraten, welcher Wein-, Frucht-, Bier- oder sonstiger Essig für Ihre Wünsche am besten geeignet ist. Alternativ gibt's die Kaffeebohnen der eigenen Rösterei, das Wiener Bier oder die hausgemachten Fruchtsäfte im Angebot. ■ VI., Naschmarkt, Stand 111–114, U 4 Kettenbrückengasse, www.gegenbauer.at

Hinter dem Naschmarkt findet jeden Samstag ein Flohmarkt statt

16 **Flohmarkt** Wer auf der Suche nach wirklich Wertvollem ist, wird zwar nur selten fündig, aber Sammler von altem Geschirr, Vinylschallplatten, Büchern oder Vintage-Mode kommen auf Wiens größtem Flohmarkt auf ihre Kosten. Aber auch schon ein Bummel, um Marktständlern und Kunden beim Feilschen zuzusehen, lohnt das frühmorgendliche Aufstehen. ■ VI., Wienzeile, U 4 Kettenbrückengasse, Sa 6.30–18 Uhr

Kinder

Haus des Meeres
| Ausstellung |

17 In einem ehemaligen Flakturm aus dem Zweiten Weltkrieg ist diese Schausammlung mit mehr als 3000 Fischen und in Urwald-Ambiente frei lebenden Affen und exotischen

Vögeln untergebracht. Neu ist der Atlantiktunnel: In einer 9 m langen Röhre wird man von neugierigen Haien und Rochen umkreist.

■ VI., Fritz-Grünbaum-Platz 1, U3 Neubaugasse, Tel. 01/587 14 17, www.haus-des-meeres.at, Fr–Mi 9–18, Do 9–21 Uhr, 18,90 €, erm. 8,60 €

49 Theater an der Wien

Wiener Opernklassik und Zeitgenössisches vom Jungen Ensemble

■ U4 Kettenbrückengasse
■ VI., Linke Wienzeile 6, Kartenbüro Tel. 01/588 85, www.theater-wien.at, Führung (Termine s. Website)

Traditionsreiches Theater an der Linken Wienzeile, in dem vorwiegend Opern, insbesondere der Wiener Klassik, aufgeführt werden. Gespielt wird im Stagione-System: gleich bleibende Besetzung auf der Bühne und im Orchestergraben von der ersten bis zur letzten Vorstellung. Das »Junge Ensemble« des Theaters bringt hingegen Zeitgenössisches auf die Bühne. Das Theater kann man im Rahmen einer Führung bis hin zur Bühne, Garderobe und Maske hautnah erleben.

ADAC Mittendrin

Das ehemalige Möbellager der Habsburger, das **Hofmobiliendepot**, ist heute ein weltweit einmaliges Museum. Das Besondere: Man kann zwischen Möbeln aus fünf Jahrhunderten spazieren, viele davon direkt »begreifen« und – wie Stuhlkreationen der Wiener Moderne – auch »besitzen«.
VII., Andreasgasse 7, U4 Zieglergasse, www.hofmobiliendepot.at, Di–So 10–18 Uhr, 10,50 €, Kinder 6,50 €

Cafés

18 **Café Sperl** Eines der schönsten erhaltenen gebliebenen Wiener Eck-Cafés: Eine große Auswahl an Tageszeitungen und Kaffeespezialitäten begleitet jeden leckeren Bissen der hausgemachten Sperl-Schnitte. ■ VI., Gumpendorfer Str. 11, U4 Museumsquartier, www.cafesperl.at, Mo–Sa 7–23, So 11–20 Uhr (Juli und Aug. So geschl.)

Einkaufen

nachbarin Taschen und andere Accessoires von einigen der besten europäischen Designer als ungewöhnliches Mitbringsel aus Wien. ■ VI., Gumpendorfer Str. 17, U4 Museumsquartier, www.nachbarin.co.at

50 Spittelberg

Charmantes Biedermeierviertel mit urigen Beisln und Geschäften

■ U2, U3, Bus 48A, Tram 49 Volkstheater
■ VII., zwischen Burg- und Siebensterngasse

Das weitgehend im Stil des Biedermeier erhaltene Viertel mit kleinen Lokalen und Shops ist seit dem Jahre 1525 im Besitz des Bürgerspitals, daher auch der ursprüngliche Name Spitalberg. Da sich hier viele Kroaten ansiedelten, bekam der Spittelberg volkstümlich auch den Namen »Crobotendörfl«. Im Winter ist der Weihnachtsmarkt einen Besuch wert.

Das Wiener Kaffeehaus

»Im Kaffeehaus sitzen die Leute, die allein sein wollen, aber dazu Gesellschaft brauchen«, meinte einst der Dichter Alfred Polgar. Das trifft nirgends so zu wie in Wien. Dabei ist der Kaffee in Wien eine relativ neue Errungenschaft: Der Legende nach brachte zwar ein Spion den ersten Kaffee aus dem Lager der Türken in die belagerte Stadt, in Wirklichkeit waren es aber wohl Armenier, die die ersten Kaffeehäuser der Donaumetropole eröffneten; Ende des 17. Jh. waren zumindest schon Kaffeesieder tätig.

In der Zeit des Biedermeier trafen sich die Dichter und Komponisten im Kaffeehaus, in Konzertcafés wurden bald die Melodien von Johann Strauss Vater und Sohn gespielt. Gegen Ende des 19. Jh. erblühten die Literatencafés wie das Griensteidl, in dem Arthur Schnitzler oder Adolf Loos verkehrten, oder das Central, in dem Karl Kraus, Alfred Polgar oder Peter Altenberg residierten. Auch nach dem Fall der Habsburgermonarchie blieben die Kaffeehäuser Treffpunkt der Intelligenzia: Im Herrenhof saßen Franz Musil oder Joseph Roth, im Café Museum Oskar Kokoschka, und später war Thomas Bernhard regelmäßig im Bräunerhof zu finden. Kurz darauf begann das große Kaffeehaussterben: Eine Renaissance begann erst in den 1980er-Jahren. Die verbliebenen alten Kaffeehäuser sind inzwischen ebenso immaterielles Weltkulturerbe der UNESCO wie die gesamte Wiener Kaffeehauskultur.

Übrigens: Um als Gast im Sperl oder Landtmann ernst genommen zu werden, bestellt man keinen »Kaffee«, sondern eine »Melange«, einen »Einspänner«, einen »Kapuziner« oder einen »Großen Braunen« und nimmt sich eine Tageszeitung, die zum Kaffeehaus gehört wie der Herr Ober, das Glas Wasser zum Kaffee und eine »Zubiss« genannte Auswahl an kleinen Speisen.

Die Rote Bar im Volkstheater dient als Café, Bar, Literatursalon und Bühne

Restaurants

€ | **Amerlingbeisl** Aus der Wiener Alternativszene entstanden, ist das Lokal am Spittelberg auch für seine solide, zum Teil sogar vegane Küche bekannt. Sonntags gibt es ein Frühstücksbüfett von 9 bis 15 Uhr. ■ VII., Stiftgasse 8, U2 Museumsquartier, Tel. 01/5261660, www.amerlingbeisl.at, Mo–Fr 11.30–2, Sa, So 10–2 Uhr

€€ | **Schreiners Gastwirtschaft** Thomas Schreiner steht selbst am Herd und zaubert saisonale Köstlichkeiten, hervorragende Fischgerichte und traditionelle Wiener Schmankerl. Schöner Gastgarten. Wer hier übernachten möchte, kann aus sechs individuell eingerichteten Gästezimmern wählen. ■ VII., Westbahnstraße 42, U6 Burggasse, Mobil 0676/4754060, www.schreiners.cc, Di–Fr 17.30–24 Uhr

€€€ | **Sakai** Der beste japanische Koch Wiens, Hiroshi Sakai, setzt auf authentische Küche aus seiner Heimat. Grandiose Sushi und Sashimi gibt es auch beim Wochenendbrunch. ■ VIII., Florianigasse 36, Bus 13 A Florianigasse, Tel. 01/7296541, www.sakai.co.at, Mi–Fr 17.30–23, Sa 11.30–14.30, 17.30–23, So 11.30–14.30 (nur Sushi-Brunch), 17.30–22 Uhr

€€€ | **Zu ebener Erde und erster Stock** Stilvolles kleines Biedermeier-Restaurant, das nach einem Stück Nestroys benannt wurde. ■ VII., Burggasse 13, U2, U3 Volkstheater, Tel. 01/5236254, www.zu-ebener-erde-und-erster-stock.at, Mo–Fr 12–22 Uhr

Einkaufen

Ferrari Zöchling Von Romana Zöchling erst 2013 gegründetes Wiener Modelabel mit kunstvollen Prints, für die vorwiegend heimische Künstler und Künstlerinnen die Vorlage liefern. ■ VII., Kirchengasse 27, U 3 Neubaugasse, www.ferrarizoechling.com, Mi–Fr 12–19, Sa 11–18 Uhr

Modus Vivendi Von Hand gefertigte Kleidung aus natürlichen Materialien: Baumwolle, Seide oder Merino-Wolle werden von Monika Bacher und Charlotte Jakoubek zu zeitlosen Modellen verarbeitet. ■ VII., Westbahnstraße 7, U3 Neubaugasse, www.modusvivendi.at, Di–Fr 12–19, Sa 12–17 Uhr

51 Volkstheater

Eine der größten Bühnen des deutschen Sprechtheaters

■ U2, U3, Bus 2A, 48 A, Tram 1, 2, D, 49 Volkstheater

■ VII., Arthur-Schnitzler-Platz 1, Tel. 01/ 52 11 10, www.volkstheater.at

Eine der größten Bühnen im deutschsprachigen Raum und ein Schwesterbau des Hamburger Schauspielhauses, 1889 nach Entwürfen von Hermann Helmer und Ferdinand Fellner errichtet. Gezeigt werden modernes österreichisches Theater und internationale Klassiker. Seit der Spielzeit 2015/16 hat das Volkstheater mit dem Volx/Margareten (V., Margaretenstr. 166, U4 Margaretengürtel) eine zweite Spielstätte.

Events

Rote Bar Stilvoller Wiener In-Treff im Obergeschoss des Volkstheaters, wo von Zeit zu Zeit auch Konzerte oder Lesungen stattfinden. ■ VII., Arthur-Schnitzler-Platz 1, U2, U3 Volkstheater, www.volkstheater.at, tgl. 18.30–1 Uhr, Sonntagsbrunch 10–14 Uhr

52 Theater in der Josefstadt

Die bekannteste der ehemaligen Wiener Vorstadtbühnen

■ U2 Rathaus

■ VIII., Josefstädter Str. 26, Tel. 01/4270 03 00, www.josefstadt.org, Kasse Mo–Fr ab 10, Sa, So ab 13 Uhr bis jeweils zum Beginn der Abendvorstellung

Ludwig van Beethoven und Richard Wagner dirigierten hier, Johann Nestroy und Ferdinand Raimund waren an »der Josefstadt« als Schauspieler und Dramatiker tätig. Das ehemalige Vorstadttheater wurde 1788 gegründet und ist damit die älteste noch bespielte Bühne Wiens. Heute stehen Klassiker des österreichischen Theaters und moderne Stücke auf dem Programm. Das Gebäude selbst ist im klassizistischen Stil gehalten, die sogenannten Straußelsäle stammen vom Architekten Joseph Kornhäusel aus der Zeit um 1834, sind aber nur im Rahmen einer Vorstellung zu bewundern.

53 Pathologisch-anatomische Sammlung

19 *Zehntausende aufschlussreiche medizinhistorische Präparate*

■ Tram 5, 33, 43, 44 Lange Gasse

■ IX., Spitalgasse 2, www.nhm-wien.ac.at, Mi 10–18, Do, Sa 10–13 Uhr, 4 €, Kinder frei

Missgebildete Föten, Organe in Spiritus und noch vieles mehr, was im weitesten Sinne mit Medizin zu tun hat, ist hier zu sehen: Die pathologische

Nicht die Couch, sondern das Wartezimmer in Sigmund Freuds Haus

Sammlung im Alten AKH gilt als weltweit größte ihrer Art. Untergebracht ist sie im sogenannten Narrenturm: Der ist nach den ehemaligen Insassen benannt, wurde 1784 unter Kaiser Joseph II. als eine der ersten Anstalten dieser Art weltweit errichtet und war bis 1866 in Betrieb.

54 Josephinum

Die Sammlung der Medizinischen Universität, begründet von Joseph II.

■ Tram 37, 38, 40, 41, 42 Sensengasse
■ IX., Währinger Str. 25, Tel. 01/4016 026001, www.josephinum.ac.at, wegen Renovierung voraussichtlich bis 2021 geschlossen

Kaiser Joseph II. gründete 1784 die »k.u.k. medizinisch-chirurgische Josephs-Academie«, um Ärzte für seine Armee ausbilden zu lassen. Heute ist hier das Institut für Geschichte der Medizin zu Hause. Der Name ist Programm, denn in einer Schausammlung wird die Medizingeschichte bis zu den Griechen zurückverfolgt. Die Statue der Göttin der Heilkunde, Hygieia, im Garten wurde 1787 von Johann Martin Fischer aus Blei gefertigt.

Restaurants

€€€ | **KIM Restaurant und Shop** In dem minimalistischen Restaurant der koreanisch-österreichischen Spitzenköchin Sohyi Kim wird auf eine große Abendkarte verzichtet, stattdessen wird ein zehngängiges Überraschungsmenü serviert, das bei seinen Einflüssen Westen, Osten und die fünf Elemente verbindet. Mittags gibt's das Ganze mit weniger Gängen (oder alternativ Gerichte der kleinen Mittagskarte). ■ IX., Währinger Straße 46, U6 Währinger Straße, Mobil 0664/425 8866, www.sohyikim.com, Mo–Fr 12–15, Mi–Fr 18–23 Uhr

55 Sigmund Freud Museum

Die Wohn- und Wirkungsstätte des Begründers der Psychoanalyse

■ Bus 40 A, Tram 37, 38, 40, 41, 42 Schwarzspanierstraße

■ IX., Berggasse 19, Tel. 01/319 15 96, www.freud-museum.at, tgl. 10–18 Uhr, 9 €, erm. 6 €, Schüler (6–18 J.) 3 €

In diesem Haus lebte und arbeitete Freud von 1891 bis 1938, bevor er nach London emigrierte. Hier entstand um 1900 auch sein Hauptwerk »Die Traumdeutung«.

Anna Freud, die jüngste Tochter Sigmund Freuds, half 1971 bei der Ausstattung des Museums: Originale Einrichtungsgegenstände, Autografen und Erstausgaben seiner Werke wurden zusammengetragen, historische Filmaufnahmen, zusammengestellt und kommentiert von Anna Freud, runden das Bild ebenso ab wie eine Studienbibliothek mit 35 000 Bänden und ein Teil von Freuds Antikensammlung.

Bis Mai 2020 soll auch das gesamte erste Stockwerk des Hauses für Besucher zugänglich gemacht werden. Während der Umbauarbeiten übersiedelt das Museum an zwei Standorte in der Nähe (Berggasse 13 und Liechtensteinstr. 19).

56 Gartenpalais Liechtenstein

Wunderschöner Park und ein Palais mit Kunstsammlung

■ Bus 40 A, Tram D Bauernfeldplatz

■ IX, Fürstengasse 1, Tel. 01/319 57 67 0, www.palaisliechtenstein.com, Führungen für das Palais vorab buchen, der Garten ist frei zugänglich

Das Gartenpalais der gleichnamigen Adelsfamilie liegt im Bezirk Alsergrund. Ein Teil der privaten Kunstsammlung des Fürsten von und zu

Im Gartenpalais Liechtenstein ist der prunkvolle »Goldene Wagen« ausgestellt

Liechtenstein befindet sich nach wie vor in den Galerieräumen des Palais und ist gegen Voranmeldung für Gruppen zu besichtigen. Der Garten wurde im Sinn eines klassischen Barockgartens angelegt, aber um 1820 nach Plänen von Joseph Kornhäusel im klassizistischen Stil umgestaltet.

Sehenswert

Strudlhofstiege

| Architektur |

20 *Jugendstil und Literatur in einer Stiege vereint*

Architekturbegeisterte kommen hier ebenso auf ihre Kosten wie Literaturfans: Johann Theodor Jaeger schuf die gewundene Stiege mit dem zweiteiligen Brunnen zwischen der Strudlhofgasse und der Liechtensteinstraße im Jugendstil. Heimito von Doderer hingegen setzte der Stiege (und dem Ende der Habsburgermonarchie) in seinem Werk »Die Strudlhofstiege oder Melzer und die Tiefe der Jahre« ein zeitloses Denkmal.

■ IX., Strudlhofgasse, Bus 47A Sensengasse

Restaurants

€€€ | **Pramerl & the Wolf** Kreativ-österreichische Küche mit regionalen Zutaten von Kleinproduzenten sowie ein hervorragendes Weinangebot meist heimischer Provenienz. »Haute Cuisine

Die vielseitig begabten Wiener Sängerknaben können auch Breakdance

im Tarnanzug des Understatement«, schrieb die »Frankfurter Allgemeine«. ■ IX., Pramergasse 2, U4 Roßauer Lände, Tel. 01/946 4139, www.pramerlandthewolf.com, Mi 19–24, Do–So 18–24 Uhr

57 Augarten

Ausgedehnter Park mit Porzellanmanufaktur und Sängerknaben

■ Bus 5A, Tram 2, 31 Augarten
■ II., Obere Augartenstr. 2

Mit 52,2 Hektar ist der Augarten die älteste barocke Gartenanlage Wiens, die von Spaziergängern und Joggern gleichermaßen geschätzt wird. Im Augarten befinden sich das Schloss Augarten mit der Porzellanmanufaktur Augarten, das Atelier Augarten mit der eingemieteten Kunstgalerie Thyssen Bornemisza Art Contemporary (TBA 21 Augarten), das Augartenpalais, der Sitz der Wiener Sängerknaben, und der MuTh genannte Konzertsaal der Sängerknaben, in dem diese regelmäßig auftreten – wenn sie nicht auf Auslandstournee sind.

ADAC Wussten Sie schon?

... dass die **Wiener Sängerknaben** auf Anregung von Walt Disney auf ihren Matrosenanzügen das Wappen der Republik Österreich tragen?

Einkaufen

Wiener Porzellanmanufaktur Klassische Stücke aus der 300-jährigen Geschichte des Wiener Porzellans, aber auch neues Design. ■ Tel. 01/21124200, www.augarten.com

Events

Wiener Sängerknaben Jeden Sonntag (außer in den Sommermonaten) um 9.15 Uhr erregt eine Messe in der Burgkapelle im Schweizerhof der Hofburg besonderes Interesse. Das hat mit den ausführenden Künstlern zu tun: Die Hofburgkapelle, die den Gottesdienst untermalt, besteht aus Mitgliedern der Wiener Sängerknaben und Teilen des Chors und Orchesters der Wiener Staatsoper. An der Tageskasse der Burgkapelle gibt es jeden Freitag von 11–13, 15–17 und sonntags von 8–8.45 Uhr Karten für Sonntagsmessen. ■ www.hofmusikkapelle.gv.at

Am Abend

Zwischen dem Ring und dem Gürtel kommen alle auf ihre Kosten: Opern- und Klassikfans (mehr dazu siehe S. 78 und 90) ebenso wie Jazz-Liebhaber oder Fans von Underground und Alternative in den Stadtbahnbögen am Gürtel. Fast täglich stehen Konzerte oder DJ-Sets auf dem Programm. Natürlich sind auch einige der wichtigsten Bühnen Wiens zwischen dem II. und IX. Bezirk zu finden: die ehemaligen Vorstadttheater ebenso wie experimentelle und zeitgenössische Schauspielkunst.

Bühne

Kabarett Niedermair Seit Jahrzehnten die Heimstatt des österreichischen Kabaretts und der Kleinkunst, etablierte Größen und Newcomer treten hier gleichermaßen auf. ■ VIII., Lenaugasse 1a, U2 Rathaus, Tel. 01/408 44 92, www.niedermair.at

Raimundtheater Nach dem Dichter Ferdinand Raimund benanntes Theater, in dem Musicals und Operetten aufgeführt werden. ■ VI., Wallgasse 18–20, U6 Gumpendorfer Straße, Tel. 01/588 85, www.vbw.at

Schauspielhaus Zeitgenössisches Theater von jungen Autoren, auch Lesungen. Das Programm nimmt stark auf aktuelle politische und gesellschaftliche Fragen Bezug. ■ IX., Porzellangasse 19, U2 Schottentor, Tel. 01/317 01 01 11, www.schauspielhaus.at

Volksoper Operette und Musical haben hier ihre Heimat gefunden – und werden von Wienern und Gästen gleichermaßen geschätzt. ■ IX., Währinger Str. 78, Wien, U6 Währinger Straße, Information und Karten: Bundestheaterverband, Hanuschgasse 3, Tel. 01/514 44-36 70, www.volksoper.at

ADAC Das besondere Theater

MuTh – Konzertsaal der Wiener Sängerknaben

In Wiens neuem Haus für Musik und Theater kann man die Wiener Sängerknaben live erleben, es gibt aber auch Rock- und Jazzkonzerte, Theatervorstellungen, Performances und mehr.

Dank dem neuen Konzertsaal wird fulminanter Raumklang geboten. Auch das Gebäude im Augarten selbst ist einen Blick wert: Es verbindet barocke Bausubstanz mit moderner Architektur.

II., Am Augartenspitz 1, U2 Taborstraße, Tel. 01/347 80 80, www.muth.at

Kneipen, Bars und Clubs

Chelsea Freunde von Independent-Musik werden hier fündig: Wechselnde DJs, dazu regelmäßige Konzerte in einem der beiden Stadtbahnbögen, der andere ist der Clubraum. Im Sommer gibt's auch einen gemütlichen Schanigarten. ■ VIII., Lerchenfelder Gürtel/Stadtbahnbogen 29–30, U6 Thaliastraße, Tel. 01/4079309, www.chelsea.co.at, tgl. 18–4 Uhr

lutz – der Club Seit Jahren eine der besten Adressen für gute Musik und Dancefloor und das zentrumsnah: Im oberen Stock kann man frühstücken und speisen (lutz – die Bar) im lutz – der Club dröhnen bis in den frühen Morgen die Bässe. ■ VI., Mariahilfer Str. 3, U2 Museumsquartier, www.lutz-bar.at, lutz – die bar: Mo–Do 8–2, Fr 8–4, Sa 9–4, So 10–24 Uhr, lutz – der club: Fr–Sa 21.30–4 Uhr

rhiz – bar modern Die Stadtbahnbogen-Alternative für Freunde elektronischer Musik und Dancefloor: mehrmals wöchentlich Konzerte oder DJs, an der Bar gibt's Cocktails und mehr. ■ VIII., Lerchenfelder Gürtel, Stadtbahnbogen 37–38, U6 Thaliastraße, Tel. 01/4092505, www.rhiz.org, Mo–Sa 18–4, So 18–2 Uhr

WUK Im Werkstätten- und Kulturhaus (WUK) hat die alternative Szene seit Langem eine Heimstatt gefunden. Hier werden auch regelmäßig Konzerte und Lesungen organisiert. ■ IX., Währinger Str. 59, U6 Währinger Straße, Tel. 01/401210, www.wuk.at, Mo–Fr 9–20, Sa, So 15–20 Uhr

Übernachten

In den ehemaligen Vorstädten findet man eine Reihe von kostengünstigen Hotels in ehemaligen Bürgerhäusern, die solide Qualität für wenig Geld bieten – und das auch noch in Zentrumsnähe. Gerade bei jüngerem Publikum sind die Gassen zwischen VI. und VIII. Bezirk sehr beliebt, es lässt sich hier auch sehr gut shoppen und am Abend findet man eine Reihe von Beisln und Restaurants, in denen gute und günstige Gerichte angeboten werden: Eine willkommene Alternative zur teureren Innenstadt. Zum Teil wurden Bürgerwohnungen in Appartements umgewandelt, die auch Familien ausreichend Platz bieten.

€

Boutique Hotel Donauwalzer Charmantes Boutiquehotel am Gürtel, hervorragendes Frühstückbüfett, am Sonntag auch mit Musik bzw. Walzerschnupperkurs, dazu privates Spa mit Sauna und Whirlpool. ■ XVII., Hernalser Gürtel 27, U6 Alsterstraße, Tel. 01/4057645, www.donauwalzer.at, 70 Zimmer

€€

Pakatsuites Hotel Große Suiten, innovatives Design und ein 24-Stunden-Service machen das Hotel zu einer komfortablen Basis für Kulturtrips: Das Schloss Belvedere liegt gleich nebenan. ■ IV., Mommsengasse 5, U1 Taubstummengasse, Tel. 01/5046690, www.pakatsuites.at, 52 Suiten

Süden und Westen – Barock und Jugendstil

Vom Schönbrunner Schlosspark, dem Zoo in Hernals über die Rebberge von Mauer: Der Süden und Westen Wiens ist grün

Das hat mit dem Wienerwald zu tun, der sich wie eine grüne Klammer um die Stadt legt. Doch nicht nur um zu wandern oder mit dem Mountainbike zu radeln, lohnt sich ein Ausflug in die Außenbezirke: Auch auf den Spuren von Beethoven, des Architekten Otto Wagner und des Malers Ernst Fuchs kommt man dorthin, wohin sich Touristen sonst nicht oft verirren. Obwohl auch Wiens größter Touristenmagnet gerade im Westen der Stadt zu finden ist: Schloss Schönbrunn.

In diesem Kapitel:

ADAC Top Tipps:

9 Zentralfriedhof
| Friedhof |
Mit drei Millionen Toten der wichtigste Friedhof der Stadt. Hier ruhen auch viele Prominente aus früheren und heutigen Tagen: von Beethoven bis zu Udo Jürgens. 102

10 Schönbrunn
| Schloss |
Untrennbar mit Kaiserin Maria Theresia verbunden, ist das barocke Schloss mit Park und Tiergarten heute die meistbesuchte Sehenswürdigkeit Österreichs. 104

ADAC Empfehlungen:

21 Bestattungsmuseum
| Museum |
Ein Museum über die Kunst der »schönen Leich'« und wie sie zu Grabe getragen wird. 102

22 Tiergarten Schönbrunn
| Zoo |
Im ältesten Zoo der Welt leben Pandas, Elefanten und Affen. 106

23 Berghotel Tulbingerkogel
| Hotel |
Herrliche Aussicht auf das Tullnerfeld und doch nur einen Katzensprung von Wien entfernt. 113

9

63

61

10

58 Zentralfriedhof

9 *Hier ruhen drei Millionen Tote, darunter viele Prominente*

- Tram 6, 71 Zentralfriedhof
- XI., Simmeringer Hauptstr. 230–244, Tel. 01/760 41, www.zentralfriedhof.at, tgl. ab 8 Uhr (bis Anbruch der Dunkelheit)

Mit einer Fläche von fast 2,5 km² und rund 330 000 Grabstellen zählt der Wiener Zentralfriedhof zu den größten Friedhofsanlagen Europas. Eröffnet wurde er 1874. Drei Millionen Wiener haben hier ihre letzte Ruhestätte gefunden. 2000 davon sind sogenannte prominente oder zumindest »verdiente« Persönlichkeiten, die in Ehrengräbern bestattet wurden: Die Komponisten Beethoven und Gluck gehören ebenso dazu wie der Sänger Falco und der Schauspieler Helmut Qualtinger. Manche der Gräber sind selbst Sehenswürdigkeiten: So ist das Grab von Udo Jürgens mit einem weißen Flügel aus Marmor geschmückt. Neben den Ehrengräbern erhebt sich die Dr.-Karl-Lueger-Gedächtniskirche, die zwischen 1907 und 1910 von Otto-Wagner-Mitarbeiter Max Hegele als secessionistischer Zentralbau errichtet wurde. Das Krematorium gleich daneben wurde hingegen zwischen 1921 und 1923 im Stil des Expressionismus von Clemens Holzmeister errichtet. Sehenswert ist auch das Renaissanceschloss Neugebäude (www.schlossneu gebaeude.at, Führungen nach Anmeldung), das 1573 für Kaiser Maximilian II. erbaut wurde. Hier findet u. a. ein schöner Christkindlmarkt statt, der auch zeigt, was der Zentralfriedhof noch ist: ein Naherholungsgebiet der Wiener, in dem man spazierengehen, joggen und auch Fiaker fahren kann.
Um zum Zentralfriedhof zu gelangen, gibt es übrigens traditionell nur ein Verkehrsmittel: die Straßenbahnlinie 71, die von der Börsegasse über die Wiener Ringstraße zum Friedhof führt. Die Linie ist der Inbegriff des letzten Weges eines Wieners, über den es heißt: »Er hat den 71er genommen.«.

Max Hegele entwarf die Dr.-Karl-Lueger-Gedächtniskirche im Jugendstil

Sehenswert

Bestattungsmuseum

| Museum |

21 *Ein Museum über die Kunst der »schönen Leich'«*

Am Zentralfriedhof hat das Bestattungsmuseum seinen idealen Standort, widmet es sich doch den vielfältigen Formen der Bestattung: So ist u. a. der Sparsarg von Kaiser Joseph II. zu sehen,

Im Blickpunkt

Der Tod als Wiener Chansonnier

»Der Tod, der muss ein Wiener sein«, das wusste schon der Komponist Georg Kreisler. Dass die Wiener ein besonderes Nahverhältnis zum Tod haben, kann man nicht leugnen. Und auch die Wiener Chansonniers nahmen sich gerne des Themas an: Wolfgang Ambros widmete zum Beispiel der größten Begräbnisstätte Wiens eines seiner berühmtesten Lieder: »Es lebe der Zentralfriedhof und alle seine Toten ...«. Und sein 2011 verstorbener Kollege Ludwig Hirsch kam mit seinem legendären Album »Dunkelgraue Lieder« 1979 ebenfalls sehr nahe ans Makabre. In »I lieg'am Ruck'n« liegt er bereits selbst im Grab und ein Wurm knabbert an seinem Zeh ...

bei dem der Verstorbene aus einer Klappe ins Grab fiel, um den Sarg erneut verwenden zu können. Im Volksmund heißen die Wiener Bestatter übrigens »Pompfeneberer«. Das ist die Übersetzung des französischen »pompes funèbres« – Bestatter.

■ XI., Simmeringer Hauptstr. 234, Tel. 01/760 67, www.bestattungsmuseum.at, Mo–Fr 9–16.30, Sa (März–Okt.) 10–17.30 Uhr, 6 €, Kinder frei

59 Spinnerin am Kreuz

Eine gotische Steinsäule auf dem Weg nach Wien

■ Bus 15 A, 65 A, Tram 65 Wienerbergstr.
■ X., Triester Straße bei Nr. 52, Wien-Favoriten

Einst zeigte die Steinsäule auf dem Wienerberg dem Reisenden, dass er sich der Stadt näherte: Seit Ende des 13. Jh. stand »ain stainern kreucz ob meurling«. Die heutige Säule stammt von 1452 und wurde wohl von Dombaumeister Hans Puchsbaum geschaffen. Bis ins 19. Jh. fanden nahe der Säule öffentliche Hinrichtungen statt.

Eisdielen

Tichy Wiens bester Eissalon ist einen Ausflug auf den Reumannplatz wert: Ausgefallene Eiskreationen aus besten Zutaten, die zu opulenten Eisbechern gestaltet werden. ■ X., Reumannplatz 13, U1 Reumannplatz, www.tichy-eis.at, nur im Sommer geöffnet

ADAC Mobil

Will man sich die kilometerlangen Alleen des Zentralfriedhofs nicht erwandern, gibt es nur eine Möglichkeit, den Friedhof zu entdecken: mit dem **Fiaker**. Vom Standplatz bei Tor 2 führt die Rundfahrt an den Ehrengräbern von Schubert, Beethoven, Hans Moser, Falco oder Adolf Loos vorbei auch zum Schloss Neugebäude. Der Kutscher dient dabei zugleich als Guide. Die kleine halbstündige Rundfahrt kostet 50 €, die große einstündige 80 € (jeweils für eine Kutsche mit vier Personen).
April–Sept, Do–So, 10–16.30 Uhr.
Reservierung empfohlen: Mo–Mi
Mobil 06 99/18 15 40 22

60 Schönbrunn

Ein barockes Schloss als touristisches Highlight Wiens

Bis 1918 diente Schloss Schönbrunn den österreichischen Kaisern als Sommersitz

Information

- U4 Schönbrunn
- XIII., Schönbrunner Schlossstr. 13, Tel. 01/811130, www.schoenbrunn.at, tgl. April–Juni, Sept., Okt. 8–17.30, Juli, Aug. 8–18.30, Nov.–März 8–17 Uhr, Imperial Tour 16 €, erm. 11,50 €
- Parken: siehe S. 109

10 *Rund 3,6 Millionen Besucher zählt das Schloss jedes Jahr*

Schloss Schönbrunn verdankt seinen Namen Kaiser Matthias, der im Jahre 1619 auf der Jagd beim Anblick eines Brunnens im ehemaligen Jagdrevier ausgerufen haben soll: »Welch' schöner Brunn«. Ab Mitte des 17. Jh. war es die Residenz für Kaiserin Eleonora Gonzaga. Ab 1743 ließ Maria Theresia Schloss und Park in die heutige Form umbauen: Bis 1918 blieb das Schloss die Sommerresidenz des österreichischen Kaiserhauses. Das Schloss und der etwa 160 Hektar große Park sind seit 1996 UNESCO-Weltkulturerbe.

Sehenswert

a Schloss Schönbrunn
| Schloss |

Plan S. 107

Kaiserin Maria Theresia gab dem verspielt-barocken Schönbrunn gegenüber der nüchternen Hofburg stets den Vorzug: Hier verbrachte sie mit ihren Kindern die Sommermonate, hier hielt sie Hof und organisierte Festlichkeiten und Bälle. Die Innenräume des Schlosses passen sich dieser Leichtigkeit an, sind im Stil des Barock und Rokoko, aber auch des Biedermeier und des Klassizismus gehalten und verströmen in manchen Teilen ein fast exotisches Flair.

Das sieht man bei einem Rundgang schon im Erdgeschoss in den sogenannten Berglzimmern: Ihren Namen verdanken sie dem Künstler Johann Baptist Wenzel Bergl, der die Wände und Decken um 1770 mit idyllischen Landschafts- und Tiermalereien schmückte. Die repräsentative »Blaue Stiege« im westlichen Flügel führt vom Parterre in den ersten Stock, den eigentlichen Wohntrakt des Schlosses. Der Stiegenaufgang hat sich aus dem ursprünglichen Schloss erhalten, in dem er als Speisesaal diente. Das Deckenfresko des italienischen Malers Sebastiano Ricci zeigt den späteren Kaiser Joseph II. als Kriegsheld.

Im Westtrakt des ersten Stockwerks liegen die spartanischen Wohnräume von Kaiser Franz Joseph und die prunkvolleren von Kaiserin Elisabeth, im Osttrakt der Bereich von Kaiserin Maria Theresia sowie die Franz-Karl-Appartements von Erzherzogin Sophie und Erzherzog Franz Karl. Dazwischen liegen die Repräsentationsräume, darunter als Glanzpunkt das »Spiegelzimmer« mit seinen sieben großen Kristallspiegeln und die »Große Galerie« mit einer Länge von über 40 m, die für Festivitäten genutzt wurde.

Einen Blick wert ist auch das »Millionenzimmer« nebenan, das aufgrund seiner wertvollen Vertäfelung aus Palisanderholz so genannt wurde: 60 Rokokokartuschen sind mit indo-persischen Miniaturen mit Szenen aus dem Leben der Mogulherrscher dekoriert.

Der »Rote Salon« schließlich ist – nomen est omen – mit rot bespannten Seidentapeten an den Wänden, Vorhängen aus rotem Samt und Seide und roten Teppichen ausgestattet: Staatsporträts der Kaiser im Ornat des Ordens vom Goldenen Vlies schmücken die Wände.

b Schlosspark

| Park |

Der Schlosspark wurde ursprünglich im Stil eines französischen Gartens angelegt. Später war er die Passion von Kaiser Franz I. Stephan, dem Gatten Maria Theresias, der 1752 auch den Tiergarten einrichten ließ. Die heutige Form erhielt der Park aber erst durch Maria Theresia, die ihn sieben Jahre nach dem Tod von Franz I. beim Architekten Hetzendorf von Hohenberg in Auftrag gab: unten das Schloss, auf dem höchsten Punkt die ebenfalls von Hetzendorf von Hohenberg geschaffene Gloriette, dazwischen Wanderwege, Alleen und Plätze. Ein beliebtes Fotomotiv ist der Neptunbrunnen am Fuße der Gloriette. Die Meerfahrt des Neptun gilt als Gleichnis für einen Fürsten, der Land und Volk durch die Unbill der Zeiten manövriert. Vier Jahre dauerte allein die Konstruktion der Brunnenanlage. Die Nutzung des Parks war übrigens einst dem Hof vorbehalten, erst 1779 wurde sie von Kaiser Joseph II. an Sonntagen auch dem Volk erlaubt.

■ tgl. ab 6.30 Uhr, Eintritt frei

c Gloriette

| Aussichtspunkt |

Erbaut wurde die Gloriette 1775 v. a. für die kaiserliche Familie, die vom Schloss auf den Hügel flanierte. Der frühklassizistische Arkadengang ist Teil eines Ensembles mit römischer Ruine und Obeliskbrunnen. Franz Joseph I. soll es geliebt haben, hier zu frühstücken.

■ tgl. Mitte März–Nov., 4,50 €, erm. 3 €

ADAC Wussten Sie schon?

... dass **Kaiserin Maria Theresia** im runden chinesischen Kabinett geheime Staatskonferenzen und Besprechungen mit Staatskanzler Fürst Kaunitz abhielt? Dort soll sie aber auch insgeheim ihrer Spielleidenschaft gefrönt haben.

d Irrgarten und Labyrinth

| Park |

Der Irrgarten wurde im 18. Jh. angelegt, geriet aber mit der Zeit in Vergessenheit und verfiel. Er wurde in den 1990er-Jahren teilweise nach ursprünglichen Plänen wiederhergestellt und mit fernöstlichen Elementen versehen.

■ tgl. Mitte März–Nov., 6 €, erm. 3,50 €

e Tiergarten Schönbrunn

| Zoo |

22 *Der älteste Zoo der Welt beherbergt auch Pandas*

Die Geschichte des Tiergartens reicht bis in das Jahr 1752 zurück. Von Kaiser Franz I. gegründet, ist der Tiergarten Schönbrunn der älteste noch existierende Zoo der Welt. Anfangs nur zum Privatvergnügen der kaiserlichen Familie gedacht, ließ Joseph II. ihn 1778 ebenso wie den Schlosspark an Sonntagen für das Publikum öffnen.

Anfang des 20. Jh. waren bereits knapp 3500 Tiere aus der ganzen Welt zu sehen. Und das ist bis heute so geblieben: Neben exotischen Tieren aus Afrika, Asien oder Südamerika nimmt aber auch die heimische Tierwelt einen wichtigen Platz ein. Ebenso wie die Forschung: Seit 2003 ist der Tiergarten beim Nachzuchtprogramm für Große Pandas ein Partner Chinas. 2007 gelang dabei erstmals die Geburt eines Pandas in Gefangenschaft.

■ XIII., Maxingstr. 13b, U4 Hietzing, www.zoovienna.at, tgl. Jan., Nov., Dez. 9–16.30, Feb. 9–17, März 9–17.30, April–Sept. 9–18.30, Okt. 9–17.30 Uhr, 20 €, erm. 10 €

f Palmenhaus im Schlosspark

| Ausstellung |

Mit einer Gesamtlänge von 111 m, einer Breite von 28 m und einer Höhe von 25 m ist das 1888 fertiggestellte Palmenhaus das größte Glashaus auf dem europäischen Kontinent. 4500 Pflanzenarten kann man hier je nach Saison bewundern.

■ www.schoenbrunn.at, Mai–Sept. tgl. 9.30–18, Okt.–April tgl. 9.30–17 Uhr, 6 €

g Wüstenhaus

| Ausstellung |

Ein mehr als 100 Jahre altes Glashaus beherbergt Kakteen, Sukkulenten und Tiere, die in heißen Wüstenregionen leben: So ist ein Glasröhrenlabyrinth für Nacktmulle ebenso zu sehen wie die »Fockea«, die älteste sukkulente Topfpflanze der Welt.

■ XIII., Schlosspark Schönbrunn, U4 Hietzing, www.zoovienna.at, tgl. Jan.–April und Okt.–Dez. 9–17, Mai–Sept. 9–18 Uhr, 6 €, erm. 4,50 €

h Kaiserliche Wagenburg

| Ausstellung |

60 historische Karossen – Prunkkarossen und Alltagsgefährte der kaiserlichen Familie und ihrer Bediensteten – sind im Seitentrakt von Schloss Schönbrunn ausgestellt. Auf einem Sisi-Pfad kann man das Leben der Kaiserin anhand von Kutschen und Sätteln nachverfolgen – bis hin zum Leichenwagen, in dem sie nach ihrer Ermordung in Genf feierlich zu Grabe getragen wurde.

■ Tel. 01/525 24 47 02 01, www.kaiserliche-wagenburg.at, Sommer tgl. 9–17, Winter tgl. 10–16 Uhr, 9,50 €, Kinder frei

Wienerwald – die grüne Lunge Wiens

Im Wienerwald bäumen sich die Alpen ein letztes Mal auf, bevor sie sich im Becken der Donau verlieren. Denn eigentlich ist der Wienerwald kein Wald, sondern Teil des letzten Gebirges vor der Pannonischen Tiefebene. Er steht unter Naturschutz und wurde damit zumindest teilweise vor der Eroberung durch immer neue Stadtviertel geschützt.

Auf der südlichen Seite des Wienflusses befindet sich noch im Stadtgebiet der Lainzer Tiergarten. Eigentlich ist der Name irreführend, denn ein Zoo im herkömmlichen Sinne ist der Tiergarten nicht, vielmehr ein ursprünglicher Teil des Wienerwalds, ein riesiges natürliches Wildgehege mit Damhirschrudeln, Mufflons und frei laufenden Wildschweinen. Das Lainzer Tor ist der Haupteingang in den von einer 27 km langen Mauer umgebenen Park: Von hier erreicht man in einem 20-minütigen Spaziergang die Hermesvilla, das ehemalige Schloss der Kaiserin Elisabeth. Dort sind unter anderem das Schlafgemach der Kaiserin und ihr Turnzimmer zu sehen (www.wienmuseum.at, März–Okt. Di–So 10–18 Uhr, 7 €). Das Gebäude, vom Ringstraßenarchitekten Carl von Hasenauer um 1880 in einem Mix aus Neorenaissance und Neobarock erbaut, diente Kaiser Franz Joseph ursprünglich als Jagdhaus, bevor er es seiner Gemahlin überließ. Hans Makart und Gustav Klimt sorgten u. a. für die künstlerische Ausgestaltung.

Nur eine Viertelstunde dauert es, um von der Hermesvilla zum »Wiener Blick« zu gelangen, wo einem die Stadt Wien zu Füßen liegt. Möglichkeiten, den Lainzer Tiergarten zu durchwandern, gibt es allerdings viele. Informationen darüber erhält man beim Eingang am Lainzer Tor.

Parken

Will man sich die Anfahrt zumuten, dann ist das Parken am **Hietzinger Friedhof** (Plan S. 107 a3) eine Gratis-Alternative zu den Parkplätzen am Haupteingang. Über den Park bzw. die Gloriette gelangt man trotzdem in 15 Minuten zum Schloss.

Restaurants

€€ | **Kaiserpavillon** Ursprünglich der Frühstückspavillon von Kaiser Franz I. verströmt das Restaurant noch immer imperiales Flair. Außer Frühstück gibt es Mittagsküche nach der Wiener Tradition. ■ XIII., Tiergarten Schönbrunn, U4 Schönbrunn, Tel. 01/879 35 56, www.zoovienna-gastro.at, tgl. zu den Öffnungszeiten des Tierparks, Plan S. 107 a2

Cafés

Gloriette Nach den Plänen von Johann Bernhard Fischer von Erlach sollte hier einst ein Belvedere entstehen, geworden ist's dann ein klassizistischer Arkadengang nach den Ideen des Schönbrunn-Planers Hetzendorf von Hohenberg – und einer der besten Plätze für ein Frühstück mit Blick auf Schönbrunn und Wien. ■ XIII., Schlosspark Schönbrunn, U4 Schönbrunn, Tel. 01/879 13 11, www.gloriette-cafe.at, tgl. ab 9 Uhr bis Anbruch der Dunkelheit, Plan S. 107 b2/3

Kinder

Kindermuseum Schloss Schönbrunn Zwölf Räume des Märchenschlosses wurden speziell als Kindermuseum hergerichtet: Themen wie Kleidung, Essen oder Dienerschaft wurden in appetitlichen Happen für junge Besucher adaptiert, die auch selbst in die Rollen der »Kaiserkinder« schlüpfen und sich im Stil des Barock einkleiden können. Spielsachen von anno dazumal kann man ebenso erproben wie Fächersprache erlernen: Dabei wurden einst mithilfe des Fächers Geheimbotschaften übermittelt. ■ XIII., Schönbrunner Schlossstr. 47, U4 Schönbrunn, Tel. 01/811 130, www.kaiserkinder.at, tgl. 10–17, (Sa, Sa Themenführung um 10.30, 13.30 und 15 Uhr), 9,50 €, Kinder/erm. 7,50 €, Fam. 17–26 €, Plan S. 107 b1

Marionettentheater In einer Version für Marionetten stehen Mozarts »Zauberflöte«, Humperdincks »Hänsel und Gretel«, Johann Strauss' »Fledermaus« oder ein Sisi-Musical auf dem Programm. ■ XIII., Schlosspark Schönbrunn, U4 Schönbrunn, Tel. 01/817 32 47, www.marionettentheater.at, Mi–Mo geöffnet, aktuelle Vorstellungen und Ticketpreise siehe Homepage, Plan S. 107 c1

Tiergarten Schönbrunn (S. 106) Nilpferde, Löwen und Giraffen sind hier ebenso zu Hause wie Wölfe, Bären und heimische Rehe und Murmeltiere. Fütterungen sind der Höhepunkt eines Zootages: Die Menschenaffen werden zum Beispiel tgl. um 10 und 14.30 Uhr versorgt, die Raubkatzen tgl. um 14 Uhr (außer Mi und Sa). ■ Plan S. 107 a/b2

61 Lainzer Tiergarten

Im ehemaligen kaiserlichen Jagdrevier steht die Hermesvilla

■ Tram 60, 62 Speising, Bus bis zum Lainzer Tor

■ XIII., Lainzer Tiergarten, www.lainzer-tiergarten.at, tgl. ab 8 Uhr (genaue Zeiten siehe Homepage), Besucherzentrum Tel. 01/400 04 92 00, Eintritt frei

Das ehemalige kaiserliche Jagdrevier im Westen Wiens ist heute ein Naturschutz- und Naherholungsgebiet mit zahlreichen Wanderwegen und einigen Aussichtspunkten wie der Aussichtswarte Rudolfshöhe mit 472 m. Ein Besucherzentrum beim Lainzer Tor informiert über die Geschichte und Bedeutung des Tiergartens, der übrigens nicht zu Unrecht so heißt, weil man auch frei laufendes Wild beobachten kann. Auch die einst von Kaiserin Sisi bewohnte Hermesvilla ist inmitten des Parks zu finden (S. 108).

62 Kirche am Steinhof

Jugendstilkirche mit prachtvollem Fensterschmuck

■ U3 Ottakring, dann Bus 48A bis Baumgartner Höhe
■ XIV., Baumgartner Höhe 1, www.wienkav.at, Führungen Sa 15, So 16 Uhr, 8 €, erm. 6 €, Kinder unter 15 J. frei

Die Kirche zum hl. Leopold wird kurz Kirche am Steinhof genannt und wurde zwischen 1904 und 1907 nach Entwürfen von Otto Wagner errichtet: Sie gilt neben dem Secessionsgebäude als eines der Hauptwerke des Jugendstils in Wien. Die Kuppel ist in byzantinischem Stil gehalten, sehenswert sind auch die Bleiglasfenster, die von Koloman Moser im Tiffany-Stil entworfen wurden.

ADAC Spartipp

In den Wiener **Park & Ride Garagen** an den wichtigsten Einfallstraßen parken Sie Ihr Auto bereits ab 3,40 € pro Tag. Alle Anlagen sind an eine U-Bahnlinie angebunden, sodass Sie das Stadtzentrum schnell und bequem erreichen.
www.parkandride.at

63 Otto-Wagner-Villen

Von Otto Wagner entworfen, heute ein fantastisches Museum

■ U4 Hütteldorf, dann Bus 148 oder 152 bis Camping West
■ XIV., Hüttelbergstraße 26 u. 28

Otto Wagner hat seine Spuren an der Hüttelbergstraße gleich zweimal hinterlassen: Zwei Villen stammen von ihm, in einer ist heute ein Museum für einen der großen Künstler des Phantastischen Realismus, Ernst Fuchs, untergebracht. Die Villa, kurz »Wagner I« genannt, entstand 1886 bis 1888 im Stil des Historismus und wird von ionischen und dorischen Säulen getragen. Im Obergeschoss ist ein römisches Bad mit Mosaiken von Koloman Moser zu bewundern. Sehenswert sind am oberen Ende der Freitreppe eine von Ernst Fuchs gestaltete weibliche Statue aus Metall und die ebenfalls von Fuchs entworfene Brunnenanlage »Nymphäum Omega«.

Nachdem er dieses Haus verkauft hatte, ließ Wagner 1913 auf dem Nachbargrundstück eine kleinere Villa (die Villa »Wagner II«) erbauen, die er als Witwensitz für seine fast 20 Jahre jüngere Frau plante, die allerdings bereits 1915 starb. Das Haus war auch der letzte Wohnsitz des Architekten. In spätsecessionistischem Stil wurde die Villa mit kubischen Elementen und asymmetrischer Fassade ausgestattet. Das Glasmosaik über dem Eingangsportal wurde ebenfalls von Koloman Moser entworfen. Die Villa Wagner II ist in

Privatbesitz und nur von außen zu betrachten.

Sehenswert

Ernst-Fuchs-Museum
| Museum |
Hier findet man eine Dauerausstellung von Werken eines der bedeutendsten Künstler des Phantastischen Realismus. Im Skulpturenpark kann man im Brunnenhaus »Nymphäum Omega« sogar das Innere einer seiner Plastiken erkunden. Das römische Bad mit Mosaiken von Koloman Moser und Fuchs' »Lohengrin«-Zyklus sind im Rahmen einer Führung (im Eintritt inkl.) zu besuchen. ■ Tel. 01/914 85 75, www.ernstfuchs museum. at, Di–So 10–16 Uhr, 11 €, erm. 6 €

Restaurants

€€ | **Medl-Bräu** Die erste Penzinger Gasthausbrauerei wurde gegründet, lange bevor Craft Beer überhaupt ein Begriff war. Hier wird das Bier daher noch nach dem Reinheitsgebot gebraut, naturbelassen und ohne jegliche Zusätze. Dazu werden verschiedene deftige Gerichte serviert. ■ XIV., Linzer Straße 275, U4 Ober St. Veit, Tel. 01/ 914 43 40, www.medl-braeu.gusti.at, Di–Sa 10–24 Uhr

€€ | **Prilisauer** Der klassische Wiener Tafelspitz des Prilisauer lockt selbst viele Wiener aus der Innenstadt in das traditionelle Gasthaus mit dem kleinen Gastgarten. ■ XIV., Linzer Straße 423, U4 Hütteldorf, Tel. 01/979 32 28, www.prilisauer.at, Di 16–23, Mi–Sa 10–23, So 10–22 Uhr

Die Brunnenanlage im Park des Ernst-Fuchs-Museums stammt vom Künstler selbst

Am Abend

Kaum jemand fährt abends aus den Inneren Bezirken Wiens in die Außenbezirke, um ins Theater zu gehen oder ein Konzert zu besuchen: Ausnahmen sind die großen Event-Locations wie die Gasometerhalle oder die Arena, in denen internationale Top-Bands – in der Arena im Independent-Bereich – bevorzugt auftreten, wenn sie nach Wien kommen. Die Lokalszene hat meistens nur einen regionalen Einzugsbereich, immer wieder findet man dabei aber auch verborgene Juwele mit viel Flair.

Konzerte

Arena Wiens wichtigste Open-Air-Location für Rock und Alternative: Neben Livekonzerten gibt es Clubbing-Abende, in der warmen Jahreszeit Sommerkino im Freien. Im Juli lockt das Arena-Festival Independent-Freunde zu mehrtägigem Musikgenuss. ■ III., Baumgasse 80, U3 Erdberg, Tel. 01/798 85 95, www.arena.co.at

Gasometerhalle Der Gasometer ist nicht nur Wohngebäude und Shopping-Mall, im Gasometer B treten auch internationale Rock- und Popgrößen auf. ■ XI., Guglgasse 6, U3 Gasometer, Tel. 01/743 64 30, www.wiener-gasometer.at

Kneipen, Bars und Clubs

Gimlet Café und Cocktailroom Genau der richtige Ort für einen Gin Tonic vor einem Konzertbesuch im Gasometer. ■ XI., Guglgasse 11, U3 Gasometer, Mobil 06 64/204 93 79, www.entertainmentcenter-gasometer.at, Mo–Do 16–24, Fr, Sa 16–2 Uhr

ADAC Das besondere Theater

Das **Werk X** gilt als die wichtigste Avantgarde-Bühne Wiens: International renommierte Künstler wie Angela Richter, Schorsch Kamerun oder Jürgen Kuttner haben schon mitgewirkt, aber auch Kooperationen mit großen Stadt- und Staatstheatern wie dem Thalia Theater in Hamburg und dem Residenztheater München zeugen von der Bedeutung der engagierten Bühne. In Meidling gibt es zwei Säle für 600 Zuschauer.
XXII., Oswaldgasse 35A, U6 Meidling, Tel. 01/535 32 00, www.werk-x.at

Übernachten

Ist es auch im Herzen Wiens nirgends weit ins Grüne, so haben die Außenbezirke den großen Vorteil, dass der Wienerwald meistens nur einen Steinwurf entfernt ist – ideal zum Spazierengehen und um die Seele baumeln zu lassen. Die lebenswerten Stadtviertel sind natürlich auch eine hervorragende Basis für Wien-Erkundungen, ist man doch mit den öffentlichen Verkehrsmitteln, allen voran U- und S-Bahn, in kurzer Zeit im Stadtzentrum. Gerade im Speckgürtel der Metropole findet man auch noch zahlreiche Unterkünfte mit Flair und einer langen Geschichte.

€

Hotel Europahaus Eine traumhafte Parkanlage mit Schloss, Orangerie und Restaurant und dazu gibt's auch ein paar komfortable Zimmer mitten im Grünen. Das Hotel wird auch für Seminare und Hochzeiten genutzt, daher rechtzeitig reservieren! ■ XIV., Linzer Straße 429, Tram 49 Wolfersberggasse, Tel. 01/576 66 77, www.europahauswien.at, 86 Zimmer

€€

Austria Trend Parkhotel Schönbrunn Das ehemalige Gästehaus von Schönbrunn wurde vor bald 200 Jahren zur Gastwirtschaft umgebaut, aber erst um 1907 entstand hier das Parkhotel Schönbrunn. Das traditionell-elegante Ambiente hat sich bis heute erhalten. Neben 98 eigenen Zimmern wird auch eine Suite in Schloss Schönbrunn vermietet. Dort kann man wohnen wie einst der Kaiser. ■ XIII., Hietzinger Hauptstraße 10–14, U4 Hietzing, Tel. 01/87 80 40, www.austria-trend.at, 98 Zimmer

23 **Berghotel Tulbingerkogel** Mitten im Grünen und doch ist man in knapp 40 Min. im Zentrum Wiens. Schon Adalbert Stifter schätzte den herrlichen Ausblick und sah vor über 100 Jahren vom Tulbingerkogel die Fenster des Stifts Göttweig glitzern. 1930 errichtet, bietet das Hotel große Suiten, einen kleinen feinen Wellnessbereich und ein hervorragendes Restaurant. Zu fixen Terminen startet dort eine kulinarische Zeitreise: Beim »Diner Historique« wird nach alten Rezepten aus Familienbesitz gekocht (Reservierung erforderlich). ■ Tulbingerkogel 1, Mauerbach bei Wien, U4 Hütteldorf, dann Bus 249, 250 Tulbingerkogel, Tel. 022 73/ 73 91, www.tulbingerkogel.at, 42 Zimmer, 2 Suiten

Hotel Fabrik Luftig-helle Designzimmer in einer ehemaligen Wäschefabrik. ■ XII., Gaudenzdorfer Gürtel 73, U 4 Margaretengürtel, Tel. 01/813 28 00, www.hotel-fabrik.at, 39 Zimmer

Hotel Stadthalle Null-Energie-Bilanz-Hotel nahe der Wiener Stadthalle: Die Energie wird mittels Wärmepumpen und Fotovoltaik erzeugt. Die Zimmer bieten Blick auf das hauseigene Lavendelfeld oder in den Garten. An sonnigen Tagen wird das Frühstück dort serviert. ■ XV., Hackengasse 20, U4 Westbahnhof, Tel. 01/982 42 72, www.hotelstadthalle.at, 79 Zimmer

Norden und Osten – Rebberge und Donaustrände

Der Norden Wiens steht ganz im Zeichen des Weins: In Grinzing und Nussdorf liegen einige renommierte Rebberglagen Österreichs

Der »Nussdorfer« und der »Grinzinger« waren bereits zu Zeiten der Habsburger ein Begriff für Qualitätsweine. Diese Tradition hat sich erhalten und man spürt sie bis heute an Sommer- und Herbsttagen, wenn »ausgesteckt« ist. Bereits im Jahre 1784 erließ Joseph II. ein Gesetz zum Schutz der Winzer, das den Buschenschankbetrieb regelte.

Die Wiener Buschenschenken und die mit ihnen verbundene Heurigenkultur sind sicher mit ein Grund dafür, dass in Wien bis heute ein rund 620 Hektar großes Weinbaugebiet existiert. Heute wird in den meisten Heurigen ein mehr oder weniger umfangreiches Speisenangebot serviert und an einem lauen Sommerabend der Platz knapp: Reservieren ist daher dringend angeraten.

Die heutige Alte Donau war vor der großen Donauregulierung 1870 bis 1875 der Hauptarm des damaligen Donaustroms, der im Wiener Raum in mehrere Arme aufgeteilt war. Bei der Regulierung wurde der Donaustrom im neu geschaffenen »Durchstich« zusammengefasst und die Alte Donau vom Flussbett getrennt. 1907 wurde das erste öffentliche Strandbad am »Gänshaufen« mit einem Familien- und einem Knabenbad plus einem Strandcafé eröffnet.

Die Donauinsel ist hingegen vergleichsweise jung: Zwischen 1972 und 1988 wurde die künstliche Insel zwischen der Donau und der Neuen Donau geschaffen. Eigentlich Teil des Wiener Hochwasserschutzes ist sie neben der Alten und der Neuen Donau heute ein wichtiges Naherholungsgebiet der Wiener.

Jenseits der Donau erstrecken sich historische Wohnbezirke Wiens – allen voran Donaustadt und Favoriten – die aus Dörfern und kleinen Vorstädten hervorgegangen sind. Dörflich ist daher auch noch die Struktur vieler Orte, wie zum Beispiel die von Kagran oder die von Stammersdorf, einem der Wiener Weinbaugebiete im Nordosten.

In diesem Kapitel:

ADAC Empfehlungen:

24 Mayer am Pfarrplatz

| Heuriger |

Heuriger und Restaurant, dazu gibt's eigenen Wein aus den Reblagen am Nussberg. Gleich daneben hat einst Beethoven gelebt. 117

25 Donauinsel

| Strand |

Radfahren, schwimmen und Musik hören auf einer künstlichen Insel in der Donau. Einmal im Jahr Schauplatz des Donauinselfestes. 118

64 Beethoven-Museum

In diesem Haus schrieb Beethoven sein »Heiligenstädter Testament«

■ Tram 37 Döblinger Hauptstraße
■ XIX., Probusgasse 6, www.wienmuseum.at, Di–So 10–13, 14–18 Uhr, 7 €, Kinder frei

Das erst vor Kurzem renovierte und zu einem Museum umgewandelte Haus in der Probusgasse war einer der Wohnsitze Beethovens in Wien: Dort verfasste er sein »Heiligenstädter Testament«, in dem er seine zunehmende Taubheit beklagte. Das neue Museum widmet sich Leben und Werk des Künstlers, ganz besonders seiner Zeit in Heiligenstadt, in der er sich von seinem Gehörleiden kurieren wollte. Ganz in der Nähe, in der Döblinger Hauptstraße 93, ist übrigens noch ein anderer Wohnsitz des Komponisten zu finden: Im Eroicahaus (derzeit geschl., siehe www.wienmuseum.at) schrieb er 1803 an seiner 3. Symphonie (»Eroica«), die er Napoleon widmete.

Vom Kahlenberg bietet sich ein weiter Blick über Wien

65 Heiligenstadt

Der Norden Wiens mit Rebhängen und Aussichtspunkten

■ U4, Tram D Heiligenstadt
■ XIX., Heiligenstadt

Heiligenstadt wurde bereits vor 5000 Jahren besiedelt. Bis 1891 war es sogar eine eigenständige Gemeinde und eine beliebte Sommerfrische, erst danach wurde es Teil Wiens. Der alte Ortskern ist aber noch am Pfarrplatz mit der Kirche sichtbar.

Sehenswert

Kahlenberg

| Aussichtspunkt |

484 m ist er hoch und bietet einen herrlichen Ausblick auf die Dächer von Wien und die Landschaft Niederösterreichs: der Wiener Hausberg Kahlenberg. Am besten genießt man das Panorama von der Aussichtsterrasse an der Josefskirche aus. In der Kirche selbst ist die Sobieski-Kapelle mit der schwarzen Madonna einen Besuch wert: Polenkönig Sobieski kam während der Türkenbelagerung von 1683 den Wienern mit einem Entsatzheer zu Hilfe, dafür wurde diese Kapelle errichtet, zu der noch heute viele polnische Besucher pilgern. An Kaiserin Sisi hingegen erinnert die Kaiserin-Elisabeth-Ruhe, ein idyllischer kleiner Park.

■ XIX., Am Kahlenberg, Bus 38A Kahlenberg

Heurige

€ | Sirbu Zur Aussicht über die Weinberge und das nahe Niederösterreich gibt's Eigenbauweine und kalte und warme Gerichte vom Büfett. ■ XIX., Kahlenberger Str. 210, Bus 38A Kahlenberg, Tel. 01/320 59 28, www.sirbu.at, Mo–Fr 16–23 Uhr, So u. Nov.–April geschl.

24 **€€ | Mayer am Pfarrplatz** Traditionsweingut mit einer Reihe hervorragender Reblagen am Nussberg und in der Umgebung: Im Heurigen gibt's die ganze Palette weinbegleitender Köstlichkeiten, Livemusik und klassische Atmosphäre. Im Pfarrwirt wird traditionelle Wiener Küche serviert. Wer lieber im Grünen sitzt, für den hat in den Sommermonaten eine idyllische Buschenschank am Nussberg geöffnet. ■ XIX., Pfarrplatz 2 (Heuriger), Pfarrplatz 5 (Pfarrwirt), Tram D Pfarrplatz, Tel. 01/336 01 97, www.pfarrplatz.at, tgl. ab 16 Uhr, Musik ab 19 Uhr, So und Feiertage ab 12 Uhr

€€ | Schübel-Auer Neben dem Kierlinger einer der traditionellen Heurigen an der Endhaltestelle der Straßenbahnlinie D. Hat man das letzte Glas geleert und den Aufstrich gekostet, gelangt man so schnell wieder in die Innenstadt. ■ XIX., Kahlenberger Str. 22, Tram D Beethovengang, Tel. 01/370 22 22, www.schuebel-auer.at, Mai–Okt. Di–Sa 15.30–24, So bis 23 Uhr, März, April auch Di geschl.

Erlebnisse

Die vielleicht schönste Buschenschank Wiens liegt ganz oben am Nussberg: Vom Weingarten des Winzers **Wieninger** blickt man von der einen Seite nach Wien, von der anderen nach Niederösterreich. Und Wieningers Weine

Im Blickpunkt

Wiener Wein

Wien ist eine der wenigen Großstädte weltweit, in der eine beachtenswerte Menge Wein hergestellt wird: Rund 700 Hektar Rebberge werden bewirtschaftet, die besten Lagen findet man im Norden und Osten, aber auch im Süden Wiens. Auf dem Nussberg über Heiligenstadt haben z. B. Winzer wie Wieninger oder Mayer am Pfarrplatz dafür gesorgt, dass der Wiener Gemischte Satz inzwischen ein DAC-Wein ist, ein Wein mit kontrollierter Ursprungsbezeichnung. »Gemischter Satz« bedeutet, dass die unterschiedlichen Traubensorten dieses Weißweins gemeinsam im Rebberg stehen und auch gemeinsam gelesen und vinifiziert werden.

Eng mit dem Weinbau ist die Tradition des Heurigen bzw. der Buschenschank verbunden: Seit den Zeiten Kaiser Josephs II. war es den Weinbauern erlaubt, Lebensmittel aus eigener Produktion gemeinsam mit dem eigenen Wein zu verkaufen, und das ist noch heute so. »Buschenschank« heißen die kleinen, oft aus ein paar Tischen im Rebberg bestehenden Wirtschaften deshalb, weil an einem ausgesteckten »Buschen« (Zweig) erkennbar ist, dass Wein ausgeschenkt wird. Buschenschenken dürfen aber nur eine begrenzte Zeit im Jahr ausschenken, eine aktuelle Liste findet man unter www.wienerwein.at.

zählen ohne Zweifel zu den besten des Anbaugebietes. ■ XIX., Eichelhofweg 125, Bus 38A Kahlenberg, www.wieninger-am-nussberg.at

66 Karl-Marx-Hof

Der wichtigste Bau des »Roten Wien« und Kampfzone im Bürgerkrieg

■ U4 Heiligenstadt, Tram D Karl-Marx-Hof
■ XIX., Heiligenstädter Str. 82–92

Nach dem Ersten Weltkrieg wurde in den Arbeiterbezirken im Wiener Norden der soziale Wohnungsbau forciert: Die sozialdemokratische Stadtregierung wollte damit die triste Situation der Arbeiterklasse verbessern. Der Karl-Marx-Hof in Heiligenstadt wurde zum Vorzeigeprojekt: Der Otto-Wagner-Schüler und Stadtbaumeister Karl Ehn entwarf die Anlage mit 1382 Wohnungen, die zwischen 1927 und 1930 errichtet wurde. Nur ein Fünftel der über 1 km langen Anlage – der längste zusammenhängende Wohnbau der Welt – ist bebaut, der Rest sind Spiel- und Grünflächen. Zu trauriger Berühmtheit kam der Karl-Marx-Hof allerdings beim Februaraufstand 1934: Die Wohnanlage war Schauplatz der Auseinandersetzungen zwischen aufständischen Arbeitern und Regierungstruppen, Einschusslöcher in den Mauern erinnern noch heute daran.

Restaurants

€–€€€ | **Amadors Wirtshaus und Greißlerei** Backhenderl oder Schweinsbratwürsterl auf Hauben-Niveau: Juan Amador kombiniert in seinem Wirtshaus Kreativität mit lokalen Zutaten und traditionellen Rezepten. In der Greißlerei nebenan kann man einkaufen, es werden aber auch kleine Gerichte zu günstigen Preisen serviert. ■ XIX., Grinzinger Straße 86, Tram D Grinzing, Mobil 0660/9070500, www.restaurant-amador.com, Di–Sa ab 18 Uhr (Wirtshaus), Di–Sa 12–23, So 11.30–16 Uhr (Greißlerei)

67 Donauinsel

25 *Wiens Insel zum Baden, Laufen, Biken und Relaxen*

■ U1 Donauinsel
■ XXII., Donauinsel

Im Blickpunkt

Lobau – der Dschungel Wiens

Mit ihren 2300 Hektar ist die Lobau Teil des Nationalparks Donau-Auen, der bis an die slowakische Grenze reicht, aber auf die Uferlandschaft der Donau beschränkt ist. Flora und Fauna sind trotzdem einzigartig: Wahrzeichen des Parks ist der Eisvogel, den man mit etwas Glück auf einer Wanderung beobachten kann. Schon die Anreise ist ein Erlebnis: Das Nationalparkboot fährt von der Wiener Innenstadt über den Donaukanal direkt in das Nationalparkgebiet, in der Infostelle kann man auch geführte Wanderungen buchen.

XXII., Dechantweg 8, Tel. 01/4000-49495, www.donauauen.at, Feb.–Okt. Mi–So 10–18 Uhr

Die künstliche Insel zwischen der Donau und der Neuen Donau, die zwischen 1972 und 1988 errichtet wurde, ist mit ihren 170 Hektar Wald eines der wichtigsten Naherholungsgebiete der Wiener. Zum Teil haben sich auch Vögel, Amphibien, Rotwild und Biber hier angesiedelt.
Ursprünglich war die 21,1 km lange und bis zu 250 m breite Insel hauptsächlich für den Hochwasserschutz gedacht, ist aber bei Joggern, Radfahrern und Wassersportlern inzwischen sehr beliebt. Das Wasser der Neuen Donau besitzt übrigens Badequalität, was gerade in den heißen Sommermonaten ausgiebig genutzt wird. Ende Juni findet das Donauinselfest statt: Ein Open-Air-Festival mit Gratiseintritt.

Sehenswert

UNO-City

| Verwaltungsgebäude |

Offiziell heißt es Vienna International Centre (VIC), aber im Volksmund UNO-City, weil einige internationale Institutionen, v. a. die Vereinten Nationen, hier ihren Sitz haben. Errichtet wurde das VIC von 1973 bis 1979 nach den Plänen des österreichischen Architekten Johann Staber. Neben verschiedenen UNO-Organisationen hat auch die internationale Atomenergiebehörde hier ihren Sitz. Zwischen 1983 und 1987 entstand daneben das Kongress- und Veranstaltungszentrum Austria Center Vienna. Rundherum erhebt sich ein neuer Stadtteil, der passenderweise Donau City heißt.

■ XXII., Wagramer Straße/Donaupark, U1 Kaisermühlen/Vienna International Centre, www.unis.unvienna.org, Führungen Mo–Fr 11, 14, 15.30 Uhr (Ausweispflicht), 13 €, erm. 5 € (nur Barzahlung)

ADAC Spartipp

Das **Donauinselfest** ist das größte Gratis-Freiluft-Event Europas und geht jedes Jahr im Juni auf der Donauinsel über die Bühne. Durchschnittlich drei Millionen Besucher nutzen die Gelegenheit, drei Tage auf 20 Bühnen Performances zu erleben. Zuletzt waren übrigens Milow oder Sean Paul zu hören – und natürlich geben sich auch Österreichs Größen wie Rainhard Fendrich oder Wolfgang Ambros ab und zu ein Stelldichein.
XXII., Donauinsel, U1 Donauinsel, www.donauinselfest.at

Donauturm

| Aussichtspunkt |

Der 252 m hohe Donauturm, das höchste Gebäude Wiens, wurde zur Wiener Internationalen Gartenschau 1964 errichtet und ist bis heute einer der besten Aussichtspunkte für einen Blick über Wien: Dazu fährt man mit dem Lift in 150 m Höhe in das sich drehende Restaurant und zur Aussichtsplattform. Ganz Mutige können auch einen Bungee-Sprung wagen.

■ XXII., Wagramer Straße/Donauturmstraße., U1 Kaisermühlen/Vienna International Centre, www.donauturm.at, tgl. 10–24 Uhr, 14,50 €, erm. 9,90 €

Kinder

Wasserspielplatz Donauinsel Spiel und Spaß rund ums kühle Nass! Kinder jeden Alters können hier nach Herzenslust mit dem Element Wasser und Spielgeräten experimentieren. ■ XXII., Donauinsel, 300 m stromabwärts von der Reichsbrücke, U1 Donauinsel, Mai–Sept., Eintritt frei

Übernachten

Was für den Westen Wiens gilt, gilt auch für den Norden und den Osten: Hier übernachtet man mitten im Grünen, aber doch in einer Großstadt, deren wichtigste Sehenswürdigkeiten man schnell erreicht. Im Norden Wiens locken Pensionen und Hotels inmitten von Rebbergen zum Teil mit herrlicher Aussicht über die Stadt. Und im Osten Wiens ist es nie weit bis an die Donau, wo man stundenlang spazieren, schwimmen oder einfach in der Sonne liegen kann. In den meisten dieser Unterkünfte ist ein besonderes Extra kostenlos inkludiert: die wunderbare Aussicht auf Wien.

€

Grinzinger Gartenidylle In einem alten Stadthaus in Wiens berühmtestem Weinbauort – Grinzing – mit pittoreskem Innenhof, in dem bei Schönwetter auch das Frühstück serviert wird. Zimmer zum Teil mit Garten oder Terrasse. ■ XIX., Cobenzlgasse 114, Bus A38 Grinzinger Feuerwache, Tel. 01/320 56 57, www.grinzingergarten idylle.at, 10 Zimmer

€€

Harry's Home im Millennium Tower Im Millennium Tower am Handelskai findet man nicht nur mehr als 100 Shops, zahlreiche Restaurants, Supermärkte, Bars und das größte österreichische Kinocenter: In modernen Suiten und Appartements kann man in den Stockwerken darüber mit Panoramablick relaxen. ■ XII., Handelskai 94–96, U6 Handelskai, Tel. 01/330 36 36, www.harrys-home.com/wien, 97 Studios und Appartements

Landhaus Fuhrgassl-Huber Familiengeführte Hotelpension am Stadtrand von Wien. Zum nächsten Heurigen ist es ebenfalls nicht weit. ■ XIX., Rathstr. 24, Tram D Gatterburggasse, dann Bus A38 Station Neustift, Tel. 01/440 30 33, www.fuhrgassl-huber.at, 40 Zimmer

Meliá Vienna In Österreichs höchstem Wolkenkratzer, dem DC Tower, bietet sich ein 360°-Blick auf die Donau und die Stadt Wien: Passenderweise sind die Zimmer und Suiten mit riesengroßen Fensterfronten versehen. Einen einzigartigen Blick über die Stadt hat man vom 57 Restaurant: In der 57. Etage wird in 220 m Höhe exzellente österreichisch-mediterrane Küche serviert.■ XXII. Donau-City-Str. 7, U1 Donauinsel, Tel 01/901 04, www.melia.com, 239 Zimmer, 14 Suiten

Park-Villa Elegante Jugendstilvilla in einer der exklusivsten Wohngegenden Wiens: Von den lichtdurchfluteten Zimmern blickt man auf die ruhige Allee oder den Garten. Opulentes Frühstück, das bei Sonnenschein auch gleich dort serviert wird. ■ XIX., Hasenauerstr. 12, U6 Nußdorfer Straße, Tel. 01/367 57 00, www.parkvilla.at, 16 Zimmer

Suite Hotel Kahlenberg Logenplatz an einem der schönsten Aussichtspunkte des Wienerwalds. Großzügige Appartements mit Terrasse. ■ XIX., Am Kahlenberg, Bus A38 Kahlenberg, Tel. 01/328 15 00, www.kahlenberg.eu, 20 Suiten

LIEBE GEHT DURCH DEN MAGEN
Einzigartige Sacher Rezeptkreationen für Genuss zu Hause.
HOTEL SACHER WIEN
DAS ORIGINAL Sacher BACKBUCH
GRÄFE UND UNZER
DAS ORIGINAL Sacher KOCHBUCH
GRÄFE UND UNZER
GRÄFE UND UNZER

ADAC Service Wien

Beim **ADAC Infoservice**, in den **ADAC Geschäftsstellen** sowie auf dem **Internetportal des ADAC** (adac.de) erhalten Sie Informationen zu den Dienstleistungen des Automobilclubs und zu Ihrem Reiseziel. Als **ADAC Mitglied** können Sie zudem die kostenlosen **ADAC Toursets® Wien** und **Wien family** mit vielen Reiseinfos und Karten anfordern oder die **Tourset App** auf dem **Smartphone** oder **Tablet-PC** installieren (adac.de/toursetapp).
Rufen Sie bei Pannen und Notfällen die **ADAC Pannenhilfe** bzw. den **ADAC Ambulanzdienst** an. Unser Team steht Ihnen rund um die Uhr zur Verfügung.

ADAC Infoservice

T 0800 510 11 12
Infos zu allen ADAC Leistungen
(Mo–Sa 8–20 Uhr, gebührenfrei)

ADAC Ambulanzdienst

T 089 76 76 76
(Erkrankung, Unfall, Verletzung, Transportfragen, Todesfall)

ADAC Pannenhilfe Deutschland

T 089 20 20 4000, Mobil 22 22 22
(Verbindungskosten je nach Netzbetreiber/Provider)

ADAC Pannenhilfe Ausland

T +49 89 22 22 22
(Verbindungskosten je nach Netzbetreiber/Provider)

Internet-Serviceangebote des ADAC für Ihre Reiseplanung

Service	Webadresse
Aktuelle Verkehrslage	adac.de/verkehr
ADAC Routenplaner	adac.de/maps
Infos zu Tankstellen und Spritpreisen	adac.de/tanken
Infos zu mautpflichtigen Strecken	adac.de/maut
Infos zu Fährverbindungen	adac.de/faehren
ADAC Tourmail (aktuelle Infos vor Anreise)	adac.de/tourmail
Informationen für Camper	adac.de/camping
Informationen für Motorradfahrer	adac.de/motorrad
Informationen für Segler und Skipper	adac.de/sportschifffahrt
ADAC Reiseangebote	adacreisen.de
ADAC Autovermietung	adac.de/autovermietung
ADAC Versicherungen für den Urlaub	adac.de/versicherungen
Weltweite Preisvorteile für ADAC Mitglieder	adac.de/vorteile-international

Diese **Produkte des ADAC** könnten Sie interessieren: **ADAC Reiseführer Salzburg, ADAC Reiseführer Prag** und **ADAC Reisemagazin Wien** – erhältlich im Buchhandel, bei den ADAC Geschäftsstellen und in unserem ADAC Online-Shop (adac.de/shop).

Anreise und Einreise

Auto

Die A1 ist der schnellste Weg, um mit dem Auto aus Deutschland und der Schweiz nach Wien zu gelangen. Man folgt der Beschilderung und gelangt über Hütteldorf direkt ins Stadtzentrum. Für den Osten und Süden der Stadt empfiehlt sich die Abfahrt Eichgraben auf die Wiener Umfahrungsautobahn A 21.

Für die Autobahnen in Österreich benötigt man eine **Mautvignette** – die günstigste Version gilt zehn Tage ab dem Tag der Ausstellung und kostet für Pkw 9,20 €. Vignetten sind an der Grenze, an Tankstellen, bei den nationalen Autofahrerclubs und online (www.asfinag.at) erhältlich.

Bahn und Bus

Gäste aus Deutschland oder der Schweiz gelangen am schnellsten über die Westbahnstrecke nach Wien – entweder mit der **ÖBB** zum neuen Hauptbahnhof oder mit der privaten **Westbahn** über Salzburg oder Linz zum Westbahnhof. Die Fahrzeit ab der Grenze bei Salzburg beträgt rund zweieinhalb Stunden. Eine Sitzplatzreservierung ist sehr zu empfehlen.

Informationen über den Reisezugverkehr: Tel. 05 17 17 (österreichweit), +43/5/17 17 (aus dem Ausland), www.oebb.at oder www.westbahn.at.

Die Scotty App der ÖBB bringt die komplette Übersicht über alle Zugverbindungen in Österreich, plus Bus, Straßenbahn und U-Bahn. Man kann dort auch direkt Tickets buchen.

Von einigen deutschen Großstädten – München oder Berlin als Beispiel – fahren **Fernbusse** nach Wien (Fahrt ab München ca. 5 Std., ab 24 € pro Person, Preise variieren je nach Anbieter, www.busliniensuche.de, www.flixbus.de). Die Busse halten am Westbahnhof oder am Hauptbahnhof.

Flugzeug

Wien-Schwechat ist ein internationaler Flughafen mit sehr guter Anbindung an Deutschland und die Schweiz. Lufthansa bzw. die Linien der Lufthansa-Gruppe, Austrian Airlines, Swiss und Eurowings, bieten täglich Flüge nach Wien.

Vom Flughafen kommt man mit dem **City Airport Train** in knapp einer Viertelstunde ins Zentrum: Einzelfahrt 11 €, hin und zurück 19 €; Fahrplanauskünfte und günstige Onlinetickets bekommen Sie auf www.cityairporttrain.com. Auch Taxis bieten fixe Tarife vom Flughafen in die Innenstadt.

Einige Billigfluglinien – wie zum Beispiel Ryanair – fliegen auch den nahen **Flughafen Bratislava** in der Slowakei an. Von dort gelangt man mit Bahn oder Bus nach Wien (Infos unter www.oebb.at).

Schiff

Die Reise mit dem Schiff von Passau nach Wien dauert rund einen Tag, angeboten werden auch Bahn-Schiff-Kombinationen. Informationen bei ÖBB oder **DDSG Blue Danube Schifffahrt**, Tel. 01/58 88 00, www.ddsg-blue-danube.at.

Der **Twin City Liner**, ein Schnellkatamaran mit Jetantrieb, verkehrt zwischen April und Oktober bis zu fünfmal täglich zwischen Bratislava und Wien. Die Fahrt kostet 30 € (werktags) und 35 € (am Wochenende) und dauert rund 75 Minuten (einfach). Infos: unter Tel. 01/904 88 80, www.twincityliner.com.

Einreise und Dokumente

Für Deutsche und Schweizer ist bei der Einreise nach Österreich die Mitnahme eines gültigen Reisepasses oder Personalausweises (Identitätskarte) Pflicht, bei Bedarf ist er Behörden zu zeigen. Kinder unter 16 Jahren benötigen einen eigenen Ausweis oder Pass. (www.austria.info).

Auto und Straßenverkehr

Verkehrsvorschriften

Auf den Autobahnen A10, A12, A13 und A14 gilt von 22 bis 5 Uhr ein **Tempolimit** von 110 km/h.

Die **Promillegrenze** liegt bei 0,5. Für Personen, die den Führerschein noch keine zwei Jahre besitzen, gilt 0,0 Promille.

Pflicht ist die Mitnahme von Warnweste, Warndreieck und Verbandszeug. Bei winterlichen Straßenverhältnissen zwischen dem 1. November und dem 15. April sind **Winterreifen** vorgeschrieben. Sie müssen immer mit M+S gekennzeichnet sein. Die Mindestprofiltiefe beträgt 4 mm.

Tempolimits in Österreich

Straße	Tempolimit
Autobahn	max. 130 km/h
außerorts	max. 100 km/h
innerorts	max. 50 km/h

Parken

Parken im Zentrum von Wien ist eine Herausforderung: Es sind zwar eine Reihe von Kurzparkzonen ausgewiesen, die Parkplätze sind aber meist sehr begehrt. Ist man Gast eines Hotels sorgt meist – nach Anfrage – die Rezeption für einen Platz in einer der **Tiefgaragen** im Zentrum, die auch eine gute – wenngleich kostspielige Alternative für Langzeitparker sind. In den Hotels erhält man auch 15-Minuten-Gratisparkscheine zum Kofferaus- oder -einladen.

Eine zentrale und kostengünstige Möglichkeit, das Auto für den ganzen Tag abzustellen, ist die **Tiefgarage beim MuseumsQuartier** (Museumsplatz 1): Der ganze Tag (24 Std.) kostet 14 €, eine Stunde 2 € (www.servipark.com/at). Zwei Stunden darf man in den Bezirken I. bis IX. und XX. sowie in Stadthallennähe in den ausgewiesenen blauen **Kurzparkzonen** (www.wien.gv.at/verkehr/parken/kurzparkzonen) mit Parkschein in den Zeiten von Montag bis Freitag und von 9 bis 22 Uhr parken, drei Stunden in den Bezirken XII. und XIV. bis XVIII. (Mo–Fr 9–19 Uhr). Zu den übrigen Zeiten ist das Parken in den Kurzparkzonen auch ohne Parkschein erlaubt.

Parkscheine sind bei Tabak-Trafiken, Zigarettenautomaten, Tankstellen am Bahnhof und an den Vorverkaufsstellen oder Fahrscheinautomaten der Wiener Linien erhältlich. Der Preis für 30 Minuten beträgt 1,05 € (www.wien.gv.at/verkehr/parken/kurzparkzonen). Der Parkschein wird entwertet, indem man Jahr, Monat, Tag und Uhrzeit auf dem Vordruck markiert.

Hat man eine Unterkunft am Stadtrand gewählt, kann man völlig stressfrei und kostengünstig von den **Park+Ride-Parkgaragen** in Hütteldorf oder Erdberg mit der U-Bahn ins Stadtzentrum gelangen.

- Park+Ride U4 Hütteldorf, XIV., Deutschordenstr. 3a, Tel. 01/513 12 41 25, 1 Tag ab 3,60 €
- Park+Ride U3 Erdberg, III., Franzosengraben 2, Tel. 01/717160, 1 Tag ab 3,40 €

■ Weitere Standorte unter www.parkandride.at.

Unfall

Nach einem Unfall sollten Sie unverzüglich anhalten, die Unfallstelle absichern und Erste Hilfe leisten, bei Personenschäden ist die Polizei zu verständigen (Euronotruf: 112). Das Mitführen einer grünen Versicherungskarte ist angeraten.

Das Tragen einer reflektierenden Warnweste beim Verlassen des Fahrzeugs im Falle einer Panne oder eines Unfalls außerhalb geschlossener Ortschaften ist vorgeschrieben. Auf Autobahnen ist bei einem Stau das Freimachen eines Rettungskorridors in der Mitte der Fahrbahn Pflicht.

Den **Auslandsnotruf des ADAC** erreichen Sie bei Fahrzeugpannen und -unfällen unter Tel. +49/89/22 22 22.

Verkehrsprobleme

Aktuelle Infos über die Verkehrslage gibt es auf den folgenden Webseiten:

■ Verkehrsinfo Wien: www.verkehrsinfo.at/verkehrsuebersicht/wien

■ Verkehrsinfos der Stadt Wien (mit Webcams): www.wien.gv.at/verkehr/verkehrsmanagement/verkehrslage

■ ÖAMTC (Österreichischer Automobil-, Motorrad- und Touringclub): www.oeamtc.at/verkehrsservice

■ ARBÖ (Auto-, Motor- und Radfahrerbund Österreichs): www.arboe.at/verkehr

■ Verkehrsinfo ORF: oe3verkehr.orf.at

Barrierefreies Reisen

Barrierefrei zugänglich sind die Bahnhöfe und zahlreiche U-Bahn-Stationen ebenso wie (fast) alle Museen. Weitere Infos: www.wl-barrierefrei.at.

Diplomatische Vertretungen

Botschaft und Konsulat der Bundesrepublik Deutschland

■ III., Strohgasse 14 c, U 4 Stadtpark, Tel. 01/711 54 0, www.wien.diplo.de, Mo, Mi–Fr 9–12, Di 13–16 Uhr

Schweizer Botschaft und Konsulat

■ III., Prinz Eugen-Str. 9a, Tram D Tel. 01/795 05, www.eda.admin.ch/wien, Mo–Fr 9–12 Uhr

Einkaufen und Märkte

Souvenirs

Es müssen nicht immer Schneekugeln mit dem Stephansdom oder Strauss-T-Shirts sein: Schmuck und Mode-Accessoires, Stoffe und Wohndesign werden sehr oft von jungen Wiener Kreativen entworfen und in kleinen Ateliers und Shops angeboten: Rund um die Mariahilfer Straße wird man dabei besonders fündig, so hat sich vor allem die **Lindengasse** im VIII. Bezirk als Kreativitätseck etabliert.

Die alteingesessene **Porzellanmanufaktur Augarten** hat im gleichnamigen Park ihren Stammsitz (S. 97). Hier werden u.a. kleine Mitbringsel wie Porzellan-Lipizzaner hergestellt, die man dann in den Shops der Innenstadt kaufen kann.

The Viennastore ist im I. Bezirk mit zwei Läden vertreten und legt den Fokus auf hochwertiges Design, hauptsächlich aus Wien: So findet man neben Gläsern von Lobmeyr auch gestreifte Moccatassen des Melonenservices von Augarten Porzellan (nach einem Entwurf von Josef Hoffmann).

Als Souvenirs eignen sich hervorragend **kulinarische Produkte** aus der Region wie Käse, Speck, Schnäpse oder

Festivals und Events

Januar

Neujahrskonzert der Wiener Philharmoniker (1. Januar, www.wienerphilharmoniker.at) – Die Wiener Philharmoniker interpretieren Stücke von Strauss, Mozart und anderen im Musikvereinssaal: Das Grand Finale ist stets der »Donauwalzer«.

Februar

Opernball (www.wiener-staatsoper.at) – Das Spektakel für Prominenz und Möchtegern-Prominenz: Auf dem Parkett der Staatsoper wird Walzer getanzt.

Filmfestival Viennale

April

Osterklang (Ostern, www.osterklang.at) – Musikfestival für alte und neue Musik an mehreren Veranstaltungsorten, unter anderem im Theater an der Wien.

Mai

Maifest (1. Mai, www.prater.at) – Im Prater wird der 1. Mai als Tag der Arbeit mit Musik und Ansprachen gefeiert. Gleichzeitig wird die Pratersaison eröffnet, die bis Mitte Oktober andauert.

Mai/Juni

Wiener Festwochen (Mitte Mai–Mitte Juni, www.festwochen.at) – Kultur für jeden Geschmack: Das Kulturangebot reicht von Konzerten im Wiener Konzerthaus über Filme bis zu Musiktheater und Schauspiel. Die Eröffnung findet am Rathausplatz statt.

Juni/Juli

Jazzfest Wien (Ende Juni–Anfang Juli, www.viennajazz.org) – Größen des zeitgenössischen Jazz treten u. a. in der Staatsoper auf.

Juli/August

ImPulsTanz (Juli–August, www.impulstanz.com) – Eines der wichtigsten Festivals für zeitgenössischen Tanz, Tanztheater und -performances. Rund 20 Locations werden bespielt.

Oktober

Filmfestival Viennale (Ende Oktober, www.viennale.at) – Österreichs bedeutendstes Filmfestival. Gezeigt werden zwei Wochen lang 300 Spiel-, Kurz- und Dokumentarfilme aus allen Ländern. 2020 findet das Festival zum 58. Mal statt.

Oktober/November

Wien modern (Ende Oktober–Mitte November, www.wienmodern.at) – Zeitgenössische Musik steht bei dieser Konzertreihe im Mittelpunkt.

Wein und Sekt: Eine Flasche Riesling oder Gemischter Satz aus dem Anbaugebiet im Norden oder Süden der Stadt oder eine Flasche Apfelessig der **Essigmanufaktur Gegenbauer** am Naschmarkt sind Mitbringsel, die garantiert gute Erinnerungen an Wien wachhalten (U4 Pilgrimgasse oder Kettenbrückengasse).

Natürlich haben auch die **Kaffee-Konditoreien** einiges zu bieten: Delikate Pralinen findet man z. B. bei Altmann & Kühne (nahe dem Stephansdom, S. 25), beim Hoflieferanten Gerstner (neben der Staatsoper, S. 66) oder in der Kurkonditorei Oberlaa (am Neuen Markt, S. 39). Und wenn Sie gar nicht fündig werden: Die beliebten Schnitten des traditionellen Süßwarenherstellers Manner, Kaffeespezialitäten von Meinl oder eine Packung Mozartkugeln können Sie auch noch am Bahnhof oder Flughafen erwerben.

Märkte und Flohmärkte

Der berühmteste Markt Wiens ist der **Naschmarkt** im VI. Wiener Gemeindebezirk: Hier gibt es nicht nur Blumen, frisches Obst und Gemüse, sondern auch viele kleine Spezialitätengeschäfte, Delis und kleine Restaurants (VI., Naschmarkt, U4 Kettenbrückengasse). Weitere wichtige Märkte, auf denen man ebenfalls frisches Obst, Gemüse und regionale Spezialitäten erwerben kann, sind der **Markt auf der Freyung** (I., Freyung, U 1 Stephansplatz) und der lebendige, bereits 1671 erwähnte **Karmelitermarkt** (II., U2 Taborstraße), um den sich auch zahlreiche Beisln gruppieren. Auch rund um den **Brunnenmarkt in Ottakring** (XVI., U6 Thaliastraße) hat sich ein boomender Stadtteil mit viel südländischem Flair entwickelt: Gerade das multikulturelle Umfeld des Brunnenmarktes bürgt für eine kreativ-entspannte Atmosphäre.

Der traditionelle **Wiener Flohmarkt**, der alles Mögliche verkauft, von Vinylschallplatten und Schmuck bis zu Biedermeiermöbeln, findet jeden Samstagvormittag in der Verlängerung des Naschmarktes statt (VI., U4 Kettenbrückengasse).

Feiertage

1. Jan. Neujahr, 6. Jan. Heilige Drei Könige, Ostermontag, 1. Mai Staatsfeiertag, Christi Himmelfahrt, Pfingstmontag, Fronleichnam, 15. Aug. Mariä Himmelfahrt, 26. Okt. Nationalfeiertag, 1. Nov. Allerheiligen, 8. Dez. Mariä Empfängnis, 25. Dez. Weihnachtstag, 26. Dez. Stephanitag

Fundbüro

Falls Sie etwas verloren haben, dann fragen Sie am besten dort nach, wo Sie glauben, es verloren zu haben. Eine Alternative ist das Fundbüro der Stadt Wien.

■ Zentrales Fundservice (MA 48),
V., Siebenbrunnenfeldgasse 3,
Tel. 01/4000-8091, www.wien.gv.at,
fundservice@ma48.wien.gv.at, Mo–Mi,
Fr 8–15.30, Do 8–17.30 Uhr

Geld und Währung

Die meisten Banken verfügen über einen Geldautomaten, bei dem man mit EC- oder Kreditkarte Bargeld abheben kann. Das Bezahlen mit Kreditkarte ist in den Geschäften und Restaurants der Innenstadt, in größeren Hotels, bei ÖBB und Ticketschaltern üblich, bei kleineren Hotels, Restaurants, vielen

Heurigen und auch einer Reihe von Geschäften hingegen nicht.

■ Öffnungszeiten der Banken: Mo–Do 9–16.30, Fr 8–15 Uhr

Kosten im Urlaub

(durchschnittliches Preisniveau)

Tasse Kaffee	3,50 €
Softdrink	3 €
Glas Bier (0,33 l)	3 €
Glas Wein (0,125 l)	4 €
Hauptgericht (Restaurant)	15 €
1 l Normalbenzin	1,25 €
Mietwagen / Tag	ab 50 €
ÖPNV (Einzelfahrt)	2,40 €

Gesundheit

Krankenversicherung

Für Deutsche und Schweizer ist die Vorlage einer Europäischen Krankenversicherungskarte (EHIC) ausreichend. Als zusätzlicher Versicherungsschutz empfiehlt sich der Abschluss einer Auslandskrankenversicherung, da diese auch Krankenrücktransporte mitversichert.

Krankenhaus

Allgemeines Krankenhaus der Stadt Wien

■ IX., Währinger Gürtel 18–20, U6 Michelbeuern-AKH, Tel. 01/40 40 00, www.akhwien.at

Wilhelminenspital

■ XVI., Montleartstr. 37, Wien, U3 Ottakring, Tel. 01/49 15 00, www.wienkav.at

Apotheken

Apotheken sind in der Regel Mo–Fr 8–12 und 14–18, Sa 8–12 Uhr geöffnet.

Haustiere

Hunde und Katzen benötigen zur Einreise einen EU-Heimtierausweis (stellt der Tierarzt aus) mit Nachweis einer Tollwutimpfung. Das Tier muss durch einen Mikrochip identifizierbar sein.

Information

In Deutschland
Österreich Werbung

■ Tel. kostenfrei 008 00 40 02 00 00, www.austria.info/de

In der Schweiz
Österreich Werbung

■ Tel. kostenfrei 008 00 40 02 00 00, www.austria.info/ch

In Wien
Wien Tourismus

Die lokale Tourismusorganisation hilft mit allgemeinen Infos, Reisetipps, Veranstaltungshinweisen und mehr weiter. Man kann auch Zimmer buchen.

■ www.wien.info

Infopoints

■ Flughafen Wien-Schwechat, Ankunftshalle, tgl. 7–22 Uhr

■ Hauptbahnhof Wien, tgl. 9–19 Uhr

■ I., Innenstadt, Albertinaplatz, Ecke Maysedergasse, tgl. 9–19 Uhr

Stadt Wien

Die offizielle Website der Stadt bietet Infos und Veranstaltungstipps.

■ www.wien.gv.at

Klima und beste Reisezeit

Wien ist von mitteleuropäischem Klima geprägt. Die besten Reisezeiten sind Frühling und Herbst. Der Winter ist zum Teil frostig, auch wenn es nur selten schneit, von der Bekleidung her sollte man sich darauf einstellen. Der Sommer kann auch schon mal sehr heiß mit Temperaturen weit jenseits der 30 Grad sein.

Klimatabelle Wien

Monat	Luft (°C) min/max	Sonne (h/Tag)	Regentage
Jan.	-4/4	5	12
Feb.	-4/5	6	10
März	0/9	7	12
April	5/14	8	11
Mai	11/21	8	11
Juni	17/25	10	10
Juli	20/28	9	11
Aug.	19/27	8	10
Sept.	16/24	8	9
Okt.	10/18	7	9
Nov.	4/12	5	9
Dez.	-2/6	4	10

Kultur und Tickets

Seit den Zeiten der Habsburgermonarchie sind die wichtigsten Bühnen Österreichs in Wien zu finden und Wien gilt auch seit den Zeiten Mozarts, Beethovens und Haydns als die Hauptstadt der Musik. Die Wiener Sängerknaben treten ebenso regelmäßig hier auf wie die Wiener Philharmoniker. Die Auftrittsmöglichkeiten sind nicht nur auf den I. Bezirk beschränkt: Bühnen finden sich auch in den ehemaligen Vorstädten, darunter Klassiker wie das Raimundtheater oder das Theater in der Josefstadt und auch kleine experimentelle Bühnen wie das Werk X.

Karten bekommt man im Internet, an der Rezeption des Hotels oder direkt an den Verkaufsstellen:

- Bundestheater-Vorverkauf, Tel. 01/514 44 78 80, www.bundestheater.at
- Wien-Ticket, Tel. 01/588 85, www.wien-ticket.at
- Vienna Ticket Service, Tel. 01/513 11 11, www.viennaticketoffice.com
- Kartenbüro, I., Goethegasse 1 (Hanusch-Hof), Mo–Sa 9–17, So 9–12 Uhr
- Ticket-Pavillon, I., Kärntner Straße (neben der Staatsoper), U1 Stephansplatz, tgl. 10–19 Uhr
- Kasse im Ronacher, I., Seilerstätte 9, tgl. 10–13 und 14–18 Uhr

Medien

Die Stadtzeitung »Falter« erscheint jeden Mittwoch (www.falter.at). Auch die Tageszeitungen »Standard«, »Presse«, »Kurier« oder »Kronen Zeitung« informieren über Veranstaltungen.

Nachtleben

Pulsierendes Zentrum der Stadt ist das **»Bermuda-Dreieck«** zwischen Rabensteig und Seitenstettengasse im I. Bezirk: Hier sind Kneipen und Bars wie Krah-Krah, Salzamt oder Roter Engel angesiedelt, die seit mehr als 30 Jahren Nachtschwärmer anziehen. Wer eher die junge studentische Szene bevorzugt, der kommt im VI., VII. und VIII. Bezirk auf seine Kosten: Von DJs bespielte Clubs wie Elektro Gönner findet man hier ebenso wie typische Wiener Beisln. Tradition haben ebenfalls schon lange Bars und Kneipen am Gürtel: In den Bögen der Stadtbahn sind Lokale wie das Chelsea oder das rhiz zu finden, in denen vor allem

Freunde von Independent und Alternative mit **Livemusik und DJs** auf ihre Kosten kommen.
Am **Donaukanal** hat sich mit dem Flex, der Grellen Forelle und dem Werk ebenfalls eine Partymeile entwickelt, die im Sommer durch zahlreiche Strandbars ergänzt wird. Und an der Ringstraße geht es ebenfalls rund: In der Volksgartendisco, der Säulenhalle, der Babenberger Passage und der Albertina Passage wird **Clubbing** geboten. Jazzfreunde kommen im Porgy & Bess oder im Jazzland im I. Bezirk auf ihre Kosten. Weitere Tipps finden sie in den jeweiligen Städtekapiteln in der Rubrik »Am Abend«.

Notfall

Im Notfall bringt die gebührenfreie **Euronotrufnummer 112** schnelle Hilfe durch Polizei, Feuerwehr oder Rettungsdienst (Notarzt). ADAC Mitglieder können sich in Notfällen rund um die Uhr an die **ADAC Pannenhilfe** (Tel. +49/89/22 22 22) oder den **Ambulanzdienst** (Tel. +49/89/76 76 76) wenden.

Öffnungszeiten

Geschäfte sind traditionell von 9 bis 18, teils von 9 bis 19 Uhr geöffnet, am Samstag meist von 9 bis 17 Uhr. Es gibt aber auch abweichende Regelungen; so bleiben etliche Shops an bestimmten Tagen der Woche bis 20 Uhr geöffnet oder sperren erst um 10 Uhr auf.
Museen sind täglich ab 9 bzw. 10 Uhr bis 17 oder 18 Uhr geöffnet, donnerstags meistens bis 21 Uhr, Montag ist häufig Ruhetag.
Öffnungszeiten von Banken und Post siehe Einträge Geld und Währung (S. 127) sowie Post (S. 130).

Post

Postämter haben Mo–Fr von 8–12 und 14–18 Uhr geöffnet. Rund um die Uhr stehen das **Hauptpostamt** (I., Fleischmarkt 19) und die Postämter am Hauptbahnhof, am Westbahnhof, am Südbahnhof und am Franz-Josefs-Bahnhof zur Verfügung.
Das **Porto** für eine Karte nach Deutschland und in die Schweiz kostet 0,80 €, ein Brief (bis 20 g) ebenfalls 0,80 €.

Rauchen und Alkohol

In Österreich ist das Rauchen in Ämtern, Behörden, Flughäfen sowie Bahnhöfen untersagt. Eine Ausnahme bilden ausgewiesene Raucherzonen. Seit November 2019 ist das Rauchen in der Gastronomie untersagt. Diese Regelung gilt auch für Shishas und E-Zigaretten. Das Rauchen und der Erwerb von Rauchwaren für Personen unter 18 Jahren sind generell untersagt.
Alkoholkonsum ist in Österreich ab 18 Jahren generell erlaubt, ab 16 Jahren können Bier und Wein konsumiert werden.

Sicherheit

In Wien kann man sich in allen Stadtvierteln ohne Gefahr, ausgeraubt oder bedroht zu werden, bewegen. Allerdings büßt man auf überfüllten Plätzen der Innenstadt – zum Beispiel am Stephansplatz – oder zu Stoßzeiten in der U-Bahn dank findiger Taschendiebe recht schnell Geldbörse oder Handy ein. Tragen Sie ihre wichtigsten Utensilien daher stets in Innentaschen bzw. Geldbörsen, nicht in Gesäßtaschen.

Sport

Bäder und Wassersport

Der Donauregulierung hat die Stadt Wien eine Reihe von Wassersportmöglichkeiten zu verdanken: Zum Beispiel bietet die **Donauinsel** 42 km Strand zum Baden, einen FKK-Bereich, Wasserskilift, Inlineskating, Beachvolleyball und vieles mehr (XXIII., U1 Donauinsel). An der Alten Donau – einem stillgelegten Donauarm - kann man nicht nur surfen, sondern auch dem klassischen Badevergnügen frönen, zum Beispiel im **Strandbad Gänsehäufel** an der Unteren Alten Donau, mitten in dem vom Hauptfluss abgetrennten Arm. Ein Tag Badespaß kostet 5,90 €, www.gaensehaeufel.at (XXII., U2 Donaustadtbrücke).

Spielt das Wetter einmal nicht so mit wie gewünscht, kann man den Badespaß auch in eines der historischen Bäder Wiens verlegen, etwa in das im Jugendstil erbaute **Amalienbad** (X., Reumannplatz 23, www.wien.gv.at, Tel. 01/607 47 47, Di 9–18, Mi, Fr 9–21.30, Do 7–21.30, Sa 7–20, So 7–18 Uhr, 5,90 €, erm. 2 €).

Fahrrad

Wien liegt am Radwanderweg Passau-Pressburg, der quer durch Österreich entlang der Donau verläuft. In der Stadt selbst sind rund 1300 km Radwege ausgewiesen (siehe auch S. 133). Die Strecke Passau–Wien kann man in rund drei Tagen bewältigen.

Laufen

Für Jogger ist die Aulandschaft des Praters hervorragend geeignet, ebenso wie die großen Parks der Stadt, allen voran der Schlosspark Schönbrunn, der Augarten und der Stadtpark. Und auch eine morgendliche Runde auf der Ringstraße hat ihren Reiz.

Stadtführungen

Verein Wiener Spaziergänge

Vom Tod über Kulinarik bis zum Filmklassiker »Der Dritte Mann« reichen die Themenführungen durch Wien.

■ Tel. 01/774 89 01, www.wienguide.at, ca. 2 Std., 17 €, Kinder 8 € (exklusive Eintrittsgelder)

Austria Guides

Individuelle Führungen können bei den Wiener Fremdenführern gebucht werden.

■ www.austriaguides.at, ca. 150 € für 2–3 Std.

Bike & Guide

Bike & Guide bietet Führungen mit dem – eigenen oder geliehenen – Rad. Voranmeldung notwendig.

■ Tel. 06 64/516 35 33, www.bikeandguide.com, nur in den Sommermonaten, ab 140 €

Vienna Ring Tram

Die Fahrt mit der gelben Vienna Ring Tram dauert rund 25 Minuten und bringt Ihnen die Ringstraße und ihre Gebäude näher. Tickets in der Tram.

■ www.wienerlinien.at, 10 €, erm. 5 €

Vienna Sightseeing Tours

Das Imperiale Wien, das Leben von Sisi und noch viel mehr stehen auf dem Programm dieser Touren. Zudem gibt es einen Hop-on-Hop-off-Bus: Unterwegs können Sie jederzeit aus- und wieder einsteigen.

■ Tel. 01/712 46 83, www.viennasightseeingtours.com, Tageskarte 29 €, erm. 19 €

Strom und Steckdose

Die elektrische Spannung von 220/ 230 Volt entspricht dem deutschen Standard, Steckdosen ebenso, lediglich für Schweizer dreipolige Stecker ist ein Adapter notwendig.

Telefon und Internet

Gespräche nach Deutschland oder in die Schweiz (Auslandszone 1) kosten im Festnetz derzeit rund 0,40 € pro Minute. Samstags und sonntags und zwischen 18 und 8 Uhr sind die Gebühren erheblich niedriger.
In Österreich stehen gegenwärtig drei verschiedene **Mobilfunknetze** zur Verfügung: A1, T-Mobile und 3.

Vorwahlen

- Deutschland 00 49
- Schweiz 00 41
- Österreich 00 43
- Wien 01

WLAN

Die Stadt Wien hat rund 450 kostenlose WLAN-Hotspots, rund 50 davon in der Wiener Innenstadt, eingerichtet. Freier WLAN-Zugang ist auch in der Tourist-Info am Albertinaplatz, in der wienXtra-jugendinfo, in vielen Gastronomiebetrieben, in Bahnhöfen und zahlreichen U-Bahn-Stationen möglich. WLAN ist in den Hotels, Restaurants und Kaffeehäusern meist gratis nutzbar, den Zugangscode erfahren Sie vom Kellner oder an der Rezeption.

Trinkgeld

Trinkgeld ist nicht obligatorisch, wird aber gern gesehen, v. a. von Kellnern, Hotelpersonal und Taxifahrern. Üblich sind fünf bis zehn Prozent der Rechnungssumme, meist wird aber auf die nächsthöhere Zahl aufgerundet.

Umgangsformen

Die Umgangsformen in Österreich unterscheiden sich kaum vom Rest Mitteleuopas. Stolpersteine sind lediglich im **Restaurant** zu finden: Klöße heißen in Österreich Knödel, Sahne ist (Schlag-)Obers, Wiener Würstl werden Frankfurter genannt und ein Brötchen heißt Semmel.
Eine Café-Konditorei und ein Kaffeehaus sind in Wien verschieden: In einer **Café-Konditorei** gibt es vor allem Mehlspeisen (Torten), und dazu trinkt man Kaffee. Das **Kaffeehaus** sucht man vor allem zum Kaffeetrinken und Zeitungslesen auf, die Auswahl an Mehlspeisen ist begrenzt.

Unterkunft und Hotels

Hotels

In den vergangenen Jahren sind in allen Stadtvierteln neue Hotels entstanden, von Budgetherbergen über Boutiquehotels bis zu Luxusresidenzen am Ring. Besonderes Flair bieten die Traditionshotels Sacher, Imperial oder Grand Hotel.
Frühstück ist in fast allen Hotels – außer den Luxusherbergen – im Preis inbegriffen, ebenso WLAN.
Besonders **empfehlenswerte Adressen** finden Sie im vorderen Teil des Buches auf S. 43, 71, 99, 113 und 120.

Jugendherbergen

4600 Betten gibt es in Wien alleine in Jugendherbergen: Sie sind nicht nur in Schlafsälen zu finden, sondern oft auch als Bed & Breakfast in Doppelzimmern, inklusive Bad und Toilette im Zimmer. Infos: www.wien.info.

Camping

Campingplätze sind rund um Wien zu finden, die wichtigsten sind Wien-West (XIV., Hüttelbergstr. 80, Tel. 01/9142314, www.campingwien.at), Wien-Süd (XXIII., Breitenfurter Str. 269, Tel. 01/8673649) und Neue Donau (XXII., Am Kleehäufel, Tel. 01/2024010).

Privat wohnen

Bed & Breakfast gibt es in fast allen Teilen Wiens. Mehr erfährt man über die Website www.netland.at/wien. Die Bewertung jeder Wiener Unterkunft erfolgt durch die Vergabe von zwei (Economy), drei (Standard) bis vier (Premium) Edelweiß-Symbolen. Ganz wichtig: Reservieren Sie Ihre Unterkunft – egal welcher Kategorie – rechtzeitig!

Vergünstigungen

Vienna City Card

Alle City-Bummler über 15 Jahre können mit der Vienna City Card U-Bahn, Bus und Trambahnen benutzen. Außerdem gibt es Vergünstigungen in Museen, bei Sehenswürdigkeiten und Restaurants. Erhältlich im Hotel, bei der Wiener Tourismusinformation und bei den Vorverkaufsstellen der Wiener Linien.

■ www.wienkarte.at, 24 Std. 17 €, 48 Std. 25 €, 72 Std. 29 €

Flexi PASS

Der Flexi PASS beinhaltet hingegen freien Eintritt zu drei, vier oder fünf Sehenswürdigkeiten in und um Wien. Zur Auswahl stehen 30 Attraktionen und Angebote. Gültig ist der Pass ab der ersten Nutzung 30 Tage. Erhältlich ist er in den Verkaufsstellen der Vienna Sightseeing Tours und online. Für Kinder und Jugendliche gibt es den Junior Flexi PASS zum halben Preis.

■ www.viennasightseeing.at, 45 € (3 × Eintritt), 55 € (4 × Eintritt) oder 65 € (5 × Eintritt)

Vienna Pass

Eine Alternative für Sehenswürdigkeitensammler ist der Vienna Pass, den es für einen, zwei, drei oder sechs Tage gibt. Kinder von 6–19 Jahren bezahlen die Hälfte: Mehr als 60 Sehenswürdigkeiten und die Hop-on-Hop-off-Busse sind inbegriffen.

■ www.viennapass.at, 70–155 €, Kinder (6–19 J.) zahlen die Hälfte

Verkehrsmittel in der Stadt

Mietwagen und Carsharing

Einen Mietwagen benötigt man in Wien eigentlich nur für Ausflüge ins Umland. In Wien sind alle internationalen Mietwagenfirmen vertreten, man kann das Auto aber bereits in Deutschland beim ADAC buchen. Carsharing ist in Wien inzwischen weitverbreitet: Einen Vergleich aller Anbieter finden Sie auf www.carsharing-wien.net.

Fahrrad

Wien ist eine überraschend fahrradfreundliche Stadt: Durch die gesamte Metropole kommt man ohne Schwierigkeiten mit dem Fahrrad, auf vielen Strecken – wie der Ringstraße – auf speziellen Radwegen.
Wien hat ein sehr gutes Netz an Citybike-Stationen. Die **CitybikeApp** zeigt Ihnen neben Ihrer Position auch alle Citybike-Stationen an.

Einen **Fahrradverleih** findet man am Westbahnhof (Tel. 051717) und bei Pedal Power (I., Bösendorferstr. 5, Tel. 01/7297234, www.pedalpower.at).
Informationen über radfahrerfreundliche Unterkünfte und alles, was mit dem Rad zu tun hat, gibt es bei ARGUS Fahrradbüro (IV., Frankenberggasse 11, Tel. 01/5050907).

Öffentliche Verkehrsmittel

Die Wiener Linien verfügen über ein gut ausgebautes Verkehrsnetz mit U- und S-Bahnen, Bussen und Straßenbahnen. Die fünf **U-Bahn-Linien** U1, U2, U3, U4 und U6 sind aber meist die schnellste Möglichkeit, um in der Stadt von A nach B zu gelangen.
Die öffentlichen Verkehrsmittel verkehren täglich zwischen 5 und 24 Uhr, in den Nachtstunden kann man **Nachtbusse** benutzen, die allerdings in größeren Abständen fahren. An den Wochenenden hingegen verkehren auch die U-Bahnen die ganze Nacht hindurch.
Fahrscheine erhält man an den Fahrscheinautomaten, online und als Handy-Tickets, in Vorverkaufsstellen und in Tabak-Trafiken. Die Fahrkarten sind im gesamten Streckennetz gültig. U-Bahn, Busse und Tram können mit demselben Ticket benutzt werden. Die Einzelfahrt kostet 2,40 €, die 24-Stunden-Karte 8 €, die 48-Stunden-Karte 14,10 €, die 72-Stunden-Karte 17,10 € und die übertragbare Klimakarte, die an acht frei wählbaren Tagen einsetzbar ist, 40,80 €. Günstig ist die **Wochennetzkarte** für 17,10 €, die von Montag 0 Uhr bis zum folgenden Montag 9 Uhr, gilt. Kinder bis sechs Jahre fahren gratis, Kinder bis 15 Jahre an Sonn- und Feiertagen und während der Schulferien ebenfalls.
Für die **Schnellbahn**, die ins Umland – zum Beispiel nach Klosterneuburg – fährt, ist ein eigenes Ticket notwendig Mit der **App qando**, einem Service der Wiener Linien, erfährt man übrigens sofort, wann die nächste U-Bahn, Straßenbahn oder der nächste Bus fährt inkl. Echtzeit-Angaben für alle Haltestellen.

■ Wiener Linien, Tel. 01/7909100, www.wienerlinien.at

Taxi

Rund 200 Standplätze gibt es in Wien. Der Fahrpreis wird nach Taxameter bezahlt, höhere Tarife werden an Sonn- und Feiertagen und nachts verlangt. Zum Grundpreis (3,80 €) kommt der Fahrpreis pro Kilometer.

Funktaxi

■ Tel. 31300, 40100, 60160

Zollbestimmungen

Reisende aus **Deutschland** dürfen Waren abgabenfrei mit nach Hause nehmen, wenn diese für den privaten Gebrauch bestimmt sind. Bestimmte Richtmengen sollten jedoch nicht überschritten werden (z.B. 800 Zigaretten, 90 l Wein, 10 kg Kaffee). Weitere Auskünfte unter www.zoll.de und www.bmf.gv.at/zoll.
Reisende aus der **Schweiz** dürfen Waren im Wert von 300 CHF abgabenfrei mit nach Hause nehmen, wenn diese für den privaten Gebrauch bestimmt sind. Tabakwaren und Alkohol fallen nicht unter diese Wertgrenze und bleiben in bestimmten Mengen abgabenfrei (z.B. 250 Zigaretten, 5 l Alkohol bis 18 % Vol., 1 l Alkohol über 18 % Vol.). Weitere Auskünfte unter www.zoll.ch.

Die Geschichte Wiens

Um 100 n. Chr. Rund um ein römisches Militärlager mit Kastell entsteht die Zivilstadt Vindobona.

881 Erste Nennung Wiens als »Wenia« in den Salzburger Annalen.

Um 1155 Wien wird Residenz der Babenberger, die »Am Hof« residieren.

1221 Das Wiener Stadtrecht ist die älteste zur Gänze überlieferte Stadtverfassung.

1282 Die Habsburger übernehmen unter Rudolf I. (dem Stifter) die Herrschaft über Österreich, die Hofburg wird Residenz.

1365 Gründung der Wiener Universität.

1421 Wiener Gesera: Das jüdische Ghetto wird zerstört, die Überlebenden auf dem Scheiterhaufen verbrannt.

1529 Die Türken belagern zum ersten Mal Wien; ihr Herrschaftsbereich erstreckt sich für die nächsten 150 Jahre bis Ungarn und Dalmatien.

1683 Zweite Türkenbelagerung. Ein Entsatzheer aus polnischen und deutschen Truppen vertreibt das osmanische Heer.

1685–1780 Hochblüte des barocken Wien. Zahlreiche Bauten wie das Belvedere, Schönbrunn und die Karlskirche entstehen.

1805 und 1809 Napoleon besetzt Wien.

1814/15 Europa wird nach dem Fall Napoleons auf dem Wiener Kongress neu geordnet.

1848 Revolutionäre Volkserhebungen führen zu einer Demokratisierung. Franz Joseph I. besteigt den Thron.

1857 Schleifung der Reste der mittelalterlichen Stadtmauer – bis 1865 entsteht an ihrer Stelle die Ringstraße.

1914 Nach dem Attentat auf Thronfolger Franz Ferdinand in Sarajevo erklärt Österreich Serbien den Krieg: Der Erste Weltkrieg beginnt.

1918 Nach dem Ende der Donaumonarchie bleibt Wien Hauptstadt des Kleinstaates Österreich. Die Habsburger verlassen die Republik.

1923–1933 Im »Roten Wien« dominieren die Sozialdemokraten, 60 000 Arbeiterwohnungen werden errichtet.

1934 Bürgerkrieg zwischen Konservativen, Sozialdemokraten und Kommunisten.

1938 Österreich wird als »Ostmark« Teil des Deutschen Reiches.

1945 Bombardements der Alliierten zerstören Teile Wiens.

1945–1955 Wien wird in vier Besatzungszonen aufgeteilt.

1979 Einweihung der UNO-City.

1995 Österreich wird Mitglied der EU.

2001 Die Innenstadt von Wien wird UNESCO-Weltkulturerbe.

2018 Die Wiener Kaffeehauskultur wird immaterielles Kulturerbe der UNESCO.

2019 Die Mercer-Studie erklärt Wien zum zehnten Mal in Folge zur Stadt mit der weltweit höchsten Lebensqualität.

Eine historische Zeichnung zeigt die Osmanen 1683 vor den Toren Wiens

Kriege
gehören ins
Museum®
WH-282640
HGM
HEERESGESCHICHTLICHES MUSEUM
www.hgm.at
UNSER HEER

Alle Blickpunkt-Themen in diesem Band:

Register

Bildnachweis

Titel: Das Obere Belvedere
Foto: Jane Sweeney/AWL Images

Adobe Stock: photo 5000 50, 55; bwagner 52 – **AWL Images:** P. Adams 58/59 – **Belvedere:** 132 – **Dorotheum:** Elwoods 73 – **Fotolia:** photo 5000 75, 107; TTstudio 105; JFL Photography 116 – **Gartenbaukino:** 118 – **gemeinfrei:** 7.1 – **Getty Images:** BORGESE Maurizio/hemis.fr 21; Imagno 78 – **Glow Images:** M. Siepmann/imageBROKER 88/89 – **Gräfe & Unzer Verlag:** W. Schardt 24.2 – **Haus der Musik:** R. Froese 31 – **Hotel Sacher:** 25 – **HUBER IMAGES:** R. Schmid 19, 22 – **imago:** Rust Thema Die Habsburger 44; V. Preufler 163.2 – **KHM-Museumsverband:** 96/97 – **Kunsthaus Wien:** E. Kelety 30 – **laif:** G. Azumendi 28 – **Life Ball:** H. Klemm 40; D. Gossmann 41 – **Lookphotos:** I. Pompe 10/11; age fotostock 12/13; R. Mirau 14/15, 20, 56; C. Bäck 16/17; A. Strauß 48 – **MAK Museum Wien:** 34, H. Stier 35 – **mauritius images:** M. Stepan/Alamy 18; P. Glendell/Alamy 24.1; M. Glueck 26; imageBROKER/E. Stranner 29; L. Vallecillos/Alamy 32; Westend61/W. Dieterich 33; imageBROKER/B. Lauter 36; imageBROKER/M. Siepmann 37; Historic Images/Alamy 39; G. Wild 42; M. Peerbacus/Alamy 43; Zoonar GmbH/Alamy 45; Art Kowalsky/Alamy 46; L. Dafos/Alamy 49; V. Preusser 57; Hackenberg Photo Cologne/Alamy 86; H. Meyer zu Capellen/imageBROKER 136; G. Azumendi/age fotostock 142; Karl F. Schöfmann/imageBROKER 159; Heinz-Dieter Falkenstein/imageBROKER 184 – **mqw:** Hertha Hurnaus 110/111 – **MuTh:** Helmut-Karl Lackner 146 – **Palais Liechtenstein:** 143; O. Schaller 103 – **picture-alliance:** Imagno 38; APA/picturedesk.com 47 – **seasons.agency:** H. Lehmann/Jalag 7.2, 8.1, 8.2, 8.3, 72, 139; **Jalag:** Jörn Rynio 11; U. Bender/Jalag 61.2; GourmetPictureGuide 91 – **Shutterstock.com:** Mihai Tamasila 6/7; Bravavod 161 9; J. Muellek 54; trabantos 60.1, 164, 192.1; Kiev.Victor 60.2, 115; Tupungato 61.1, 80/81; A. Przezak 61.3; Muellek Jose 62.1; TasfotoNL 63.1, 124, 150; Radu Bercan 63.2, 108, 112; Renata Sedmakova 63.3; Dziewu 65; canadastock 66/67, 152/153; Roman Borodaev 71; Nataliya Nazarova 77; Roman Babakin 79, 100; travelview 85; Sumit.Kumar.99 87; Radiokafka 93, 137; Maylat 94; vvoe 95; mRGB 123, 129; Anton_Ivanov 109; Borisb17 126; JeniFoto 130/131; dinkaspell 135; LaMiaFotografia 149.1; A.Lein 149.2; Kirill Kuzminykh 149.3; Landscape Nature Photo 149.4; fotoearl 156; Geothea 163.1; graphia 163.3; Pfeiffer 192.2 – **Viennale:** 174 – **Volkstheater:** 140 – **WERK X:** Y. Haddad 160 – **Wiener Porzellanmanufaktur Augarten:** 27 – **Wiener Riesenrad:** 51 – **Wiener Sängerknaben:** L. Beck 144/145 – **www.SVENsPIX.at:** 82

Herausgeber: GRÄFE UND UNZER VERLAG GmbH, Postfach 86 03 66, 81630 München
Leitender Redakteur: Benjamin Happel
Autor: Daniel Berger
Verlagsredaktion: Gernot Schnedlitz, Silke Tauscher, Nadia Terbrack; Mitarbeit: Viola Rudershausen
Redaktion: Rosemarie Elsner
Satz: M. Feuerstein, wigel
Bildredaktion: Barbara Schmid, Dr. Nafsika Mylona
Reihengestaltung: Independent Medien Design, Horst Moser, München; Eva Stadler, München
Kartografie: Huber Kartographie GmbH, www.kartographie.de; Kunth Verlag GmbH & Co. KG, München
Herstellung: Mendy Willerich
Druck + Bindung: Drukarnia Dimograf Sp z o.o. (Polen)

Ansprechpartner für den Anzeigenverkauf:
KV Kommunalverlag GmbH & Co. KG, MediaCenter München, Tel. 089/928 09 60

Bei Interesse an maßgeschneiderten B2B-Produkten:
roswitha.riedel@graefe-und-unzer.de

GRÄFE UND UNZER

Ein Unternehmen der
GANSKE VERLAGSGRUPPE

ISBN 978-3-95689-724-5
1. Auflage 2020

LESERSERVICE
adac@graefe-und-unzer.de
Tel. 00800/72 37 33 33 (gebührenfrei in D, A, CH)
Mo–Do: 9–17 Uhr, Fr: 9–16 Uhr

Aus Gründen der besseren Lesbarkeit wird in diesem Buch bei Personenbezeichnungen das generische Maskulinum verwendet. Es gilt gleichermaßen für alle Geschlechter.

Unterwegs in Wien

Mit den Öffis

In Wien gelangen Sie mit U- und S-Bahnen, Bussen und Straßenbahnen mühelos durch die Stadt und in die Außenbezirke. Nachtschwärmer können dank Nachtbussen (und am Wochenende auch U-Bahnen) bis zum Morgengrauen durchfeiern.

■ Wiener Linien, Tel. 01/790 90, www.wienerlinien.at, Details auf S. 134

Fiaker

Die Pferdekutschen, von den Wienern »Zeugl« genannt, sind eine Alternative für eine Stadtrundfahrt: Die kleine Tour durch die Altstadt (20 Min.) kostet 55 €, die große (mit Ringstraße, 40 Min.) 80 € – für jeweils bis zu vier Erwachsene.

■ Standplätze: Augustinerstraße vor der Albertina, Michaelerplatz (entlang der Hofburg), Jungferngasse (vor dem Peterplatz), Nordseite des Stephansdoms (alle im I. Bezirk), Universitätsring (gegenüber dem Burgtheater)

Fahrrad

Wien ist eine fahrradfreundliche Stadt mit einem sehr gut ausgebauten Netz an Radwegen, die bis ins Umland führen. Mehr als 120 Citybike-Stationen verteilen sich über die Stadt und laden dazu ein, sich in den Sattel zu schwingen.

■ Details auf S. 133

Auto

Im Stadtzentrum ist das Autofahren – außer in verkehrsberuhigten Zonen – problemlos, Staus gibt es meist nur zu den Stoßzeiten auf der Süd-Ost-Tangente oder am Gürtel.

■ Details auf S. 124